だいわ文庫

料理の基礎の基礎 コツのコツ

小林カツ代

大和書房

はじめに

料理というものは不思議なものです。同じ料理を同じ材料で作っても、作り手によって味が大きく違うことがあります。

それはいったい何かというと、ひとつの料理を作るうえで、何かごく小さいことを知っているかどうかで、仕上がりの味に格段の差が出るのです。

ほうれん草を根のほうからゆでるのではなく、葉のほうから湯の中に入れる、といった今までとまったく違うゆで方をしただけで、ほうれん草は実にうまいという発見をしたときは、ワクワクしました。

貝のみそ汁《しる》には隠し味ならぬ、隠しこしょうのひとふりが、あっというまに味をアカ抜けさせるとか、ほんとにちょっとしたことなのです。そんなこんなの数々を、知っているのと知らないのとでは、人生の楽しみ方にまでひびくほどの影響があります。

よく、ひと味違うということをいいますが、それですよ。このひと味がおいしさの決め手とすれば、知っているほうがだんぜんうれしいではありませんか。

ここをちょっとこうすれば、素晴らしくアカ抜けた味になったり、どうしてこんなにおいしくなるの？　という仕上がりになったりすることを、そんなコツだけをとにかくびっちり、なんと２００（！）もお伝えする本、それがこの本なのです。

小林《こばやし》カツ代《よ》

◉目次

1
切る・ゆでる・もどす・だしをとる下ごしらえのコツ32

ゆで方は大事《だいじ》

2

キチンと理解すると手早くできる知っておきたい料理ことば45

火《ひ》加《か》減《げん》ことば

水加減《みずかげん》ことば

その他のよく使われることば

3
おいしく食べるためのちょっとしたコツ39

4

調味料・香辛料・常備品を上手に使いこなすコツ21

5 知っていると食卓がグンとゆたかになる基礎知識34

意外と知らないちょっとしたこと

料理以前のちょっとしたこと

6

今さらだれにも聞けない ソボクな疑問29

料理の基礎の基礎　コツのコツ

＊この本の中の作り方は2人分が目安です。
＊各項目の見出し下に⬇で参照項目を示しました。
項目下の数字はページ番号です。

1

切る・ゆでる・もどす・だしをとる
下ごしらえのコツ32

切り方は大事《だいじ》

1 繊維《せんい》にそって切る

野菜には繊維がある。
繊維にそって切るというのは
水けが出にくい切り方で、
歯ざわりを残したいときにする。

たとえば、大根のサラダを作るとき。

シャキシャキ食べたければ、繊維にそったせん切りにするとよい。

まず大根を、5〜6㎝くらいの長さにブツブツと切り、それからタテに薄切りにする。これを繊維にそった薄切りという。さらにそれをタテに細く刻むと、繊維にそったせん切りという。

シャキシャキさせたいキンピラやサラダなどは、この切り方がよい。

大根の簡単サラダ　大根のせん切りを氷水に放ち、ザルにあけシャキッとさせる。器に入れ、ふわりとおかかをのせる。薄口《うすくち》しょうゆ・米《こめ》酢《ず》各適量、ごま油少々を回しかけるだけ。

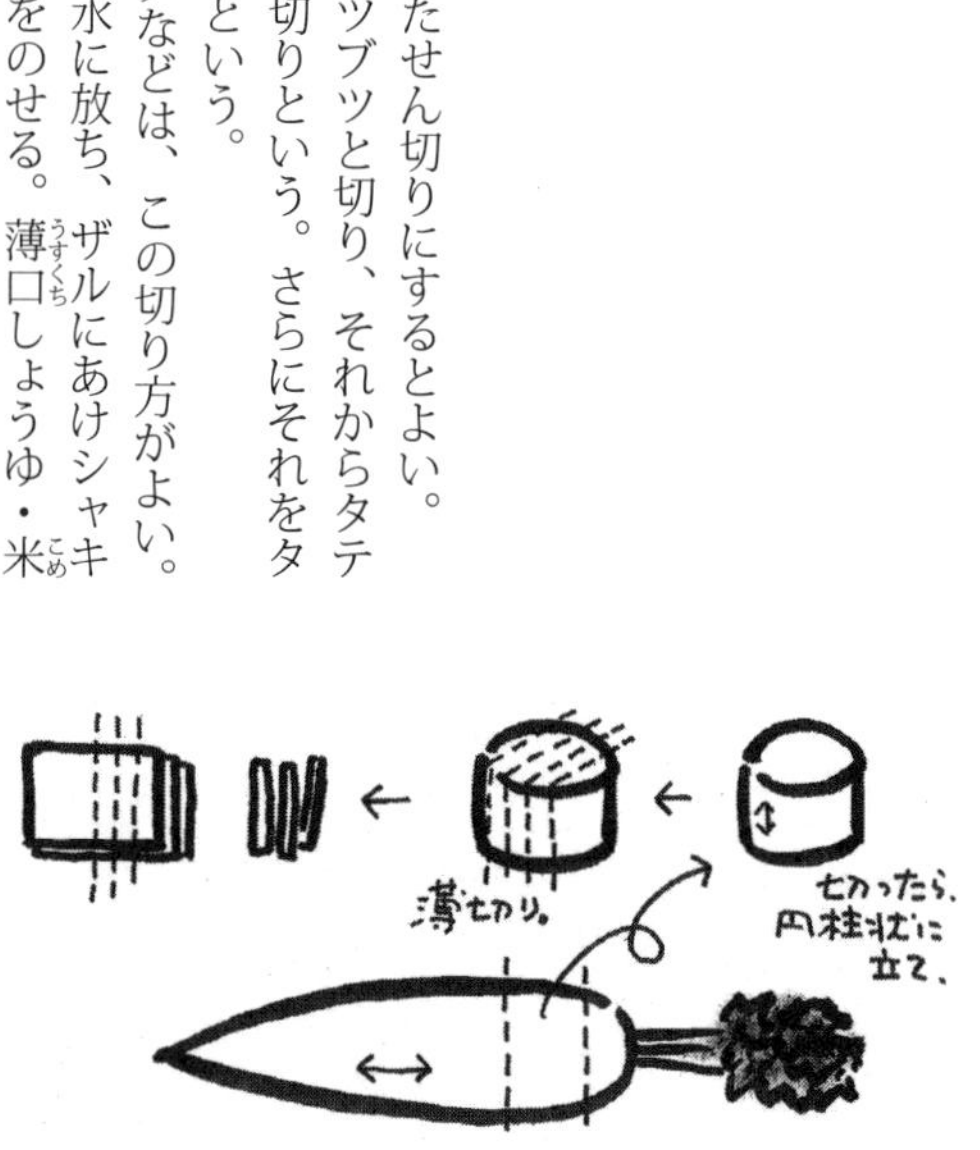

2 繊維《せんい》を断《た》つように切る

繊維を断つように切るというのは、繊維にそって切るのとは対照的に、もっとも水分が出やすい切り方で、歯ざわりがやさしく、しっとりとなる。


大根のサラダを今度はやわらかく食べたいとき。

まず大根を薄い輪切りにしていく。ここで大根の繊維を断ち切ったことになる。その輪切りにしたものを端《はし》からせん切りにすると、シナッとして水けが出て、食べやすい。

きゅうりの塩もみがおいしいのは、この繊維を断つ切り方をしているからで、繊維にそったせん切りでは、味も歯ざわりも違う。ちなみに京都の聖護院《しょうごいん》大根の千枚漬《せんまいづ》けは、この切り方でないとあの味は出ない。

今どきのきゅうりもみ　きゅうりは薄い輪切りにし、海水ほどの塩分を含んだ塩水に10分つけて引き上げ、キュッと絞《しぼ》る。青じそのせん切りやもみ海苔《のり》を混ぜても。

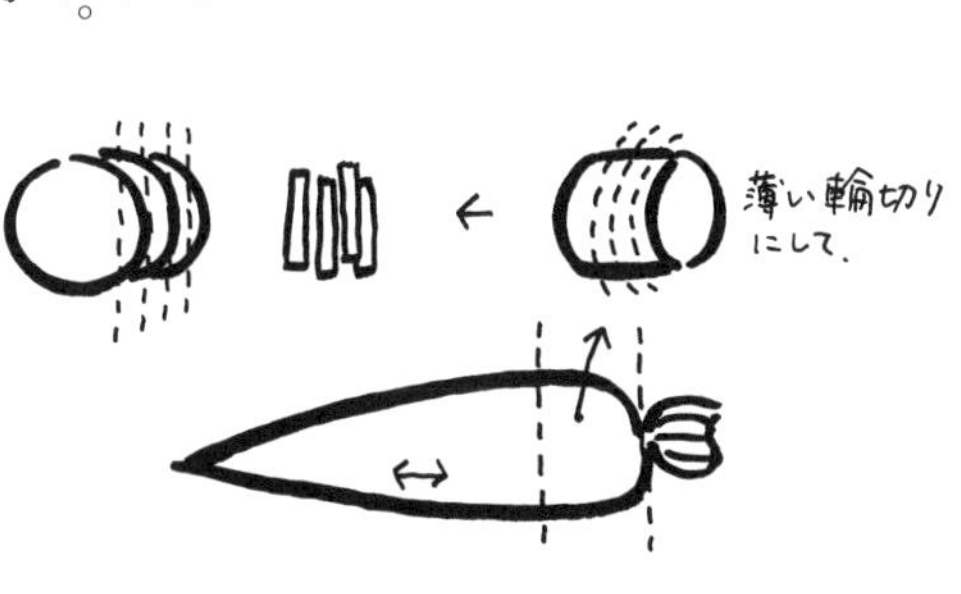

3 玉ネギは料理によって切り方を変える

玉ネギも繊維《せんい》にそった切り方と繊維を断《た》ち切る切り方がある。繊維にそった切り方が「名脇役《めいわきやく》」なら、繊維を断ち切る切り方は「名黒子《めいくろこ》」という感じ。

シャッキリ食べたい、玉ネギらしい歯ざわりを味わいたいときは、繊維にそった切り方がよい。酒の肴《さかな》に出てくるさらし玉ネギはこの切り方。

繊維を断つ切り方は、水分が出て火を入れるとクタッとし、うんと煮込むと元の形はほとんどなくなる。ハヤシライスにはこのほうが向いている。

さらし玉ネギ 玉ネギを薄切りにし、たっぷりの水でさらす。水けをきって器に盛り、ちぎった梅干し、おかか、しょうゆ少々で和《あ》える。

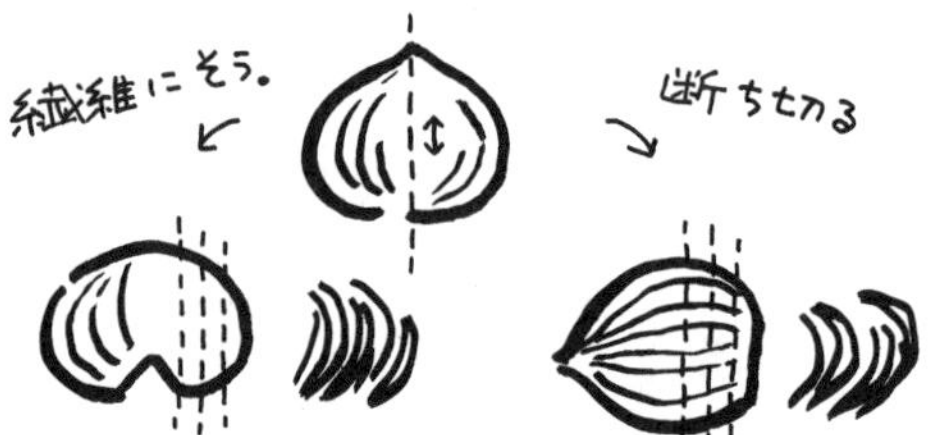

4 みじん切り

→包丁211・212

ひたすらひたすら細かく刻んだものをみじん切りという。

切れない包丁《ほうちょう》ですると、きれいにできないし、余分な力がかかって疲れる。


一番多いのが、ハンバーグや肉だんご、ミートソース、コロッケなどに入れる玉ネギ。

みじん切りにされた野菜は、表面には出てこないが、味にコクを出す縁の下の力持ち的役割である。

出来上がったシチューなどにふるパセリも、みじん切りである。

ふつうは芯《しん》を先に切り取ってから切ることが多いが、みじん切りだけは芯をつけたまま切る。芯を取ってしまうとバラバラになり、ヌルヌルして刻みにくくなる。

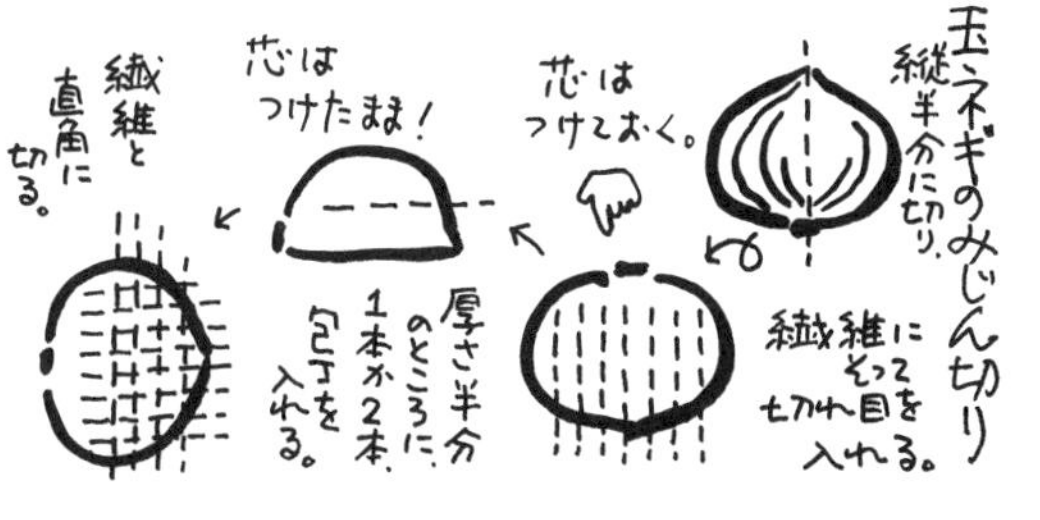

5 長ネギの切り方いろいろ

長ネギは、切り方によってまるで味が違う。長ネギというのは玉ネギに対してまっすぐ長いからである。関西では白ネギとか東京ネギという。

↓白髪ネギ32　みじん切り29　和える103
繊維を切る27　薬味182　山椒166　焼き照り123

「小口《こぐち》切り」「白髪《しらが》ネギ」「ぶつ切り」「斜め切り」「みじん切り」などある。

「小口切り」とは、ネギを繊維《せんい》を断《た》ち切るように端《はし》から細かく刻んでいくこと。代表的なのはそばの薬味《やくみ》のネギである。

小口切りというい方はふつうの長ネギや、あさつきなどを含めた細ネギ類に使う。きゅうりサイズの太さになると輪切りという。

また小口切りは、「みじん切り」とは味も形も異なる。納豆に入れるネギを小口切りにするかみじん切りにするかをめぐって、長年あきずにケンカをしている夫婦を知っている。

長ネギの「ぶつ切り」のおいしい食べ方。

5〜6㎝の長さに切り、フライパンで油を入れず素焼《すや》きにし、焦げ目

をつける。それをそのまま煮魚《にざかな》に一緒に入れて煮たり、あるいは塩と粉山椒《こなざんしょう》をふり、焼き照り鶏《どり》とかトンテキ、焼き鳥などにつけ合わせると実にうまい！

「斜め切り」の代表は、すき焼きや寄《よ》せ鍋《なべ》。なくてはならない存在である。また、ごま油で炒《いた》めて塩こしょうしたものを、インスタントラーメンにのせると、これもうまい！　炒め具合は歯ざわりが残るくらいでも、クタッでも、好きずき。

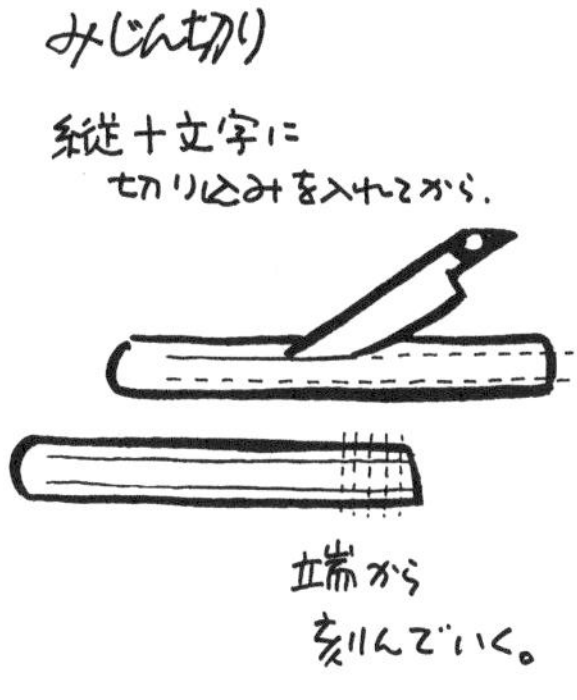

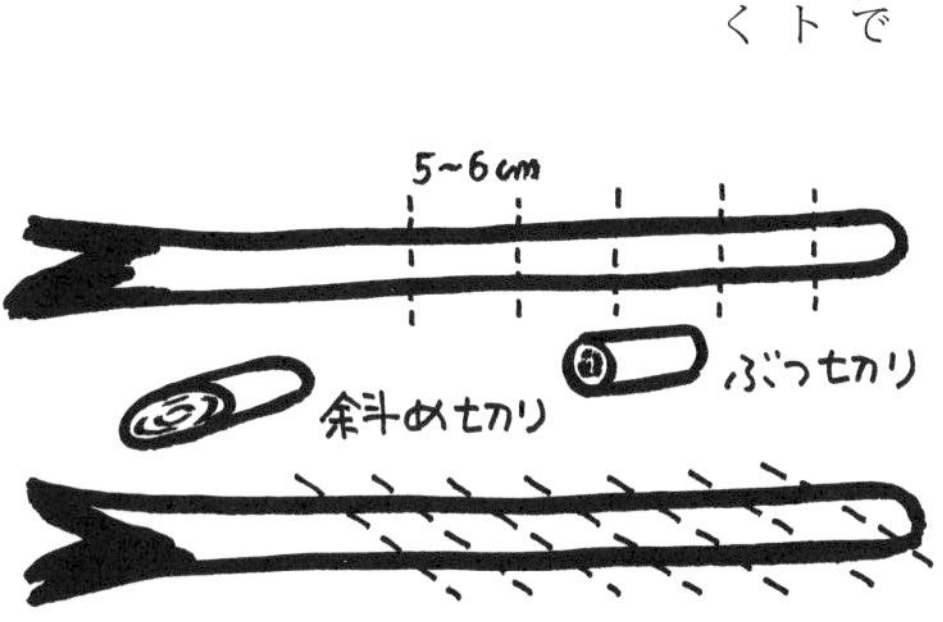

6 白髪《しらが》ネギ

↓薬味182　繊維にそって切る26　水にさらす80

「ハクハツネギ」とはぜったいいわない。人間のシラガに見立てたからだが、いずれにしても不思議なネーミングだ。

読んで字のごとし。長ネギの白いところだけ使う。日本、中国、韓国料理を通してよく使われる。ことに、北京《ペキン》ダック、ゆでギョーザにネギラーメン、腸詰めやピータンの薬味としても。作り方は、長ネギの白い部分を5㎝くらいの長さに切り、タテに切り目を入れたら、開く。中心部は取ってしまい、白いタテの繊維にそって細く細く、それこそシラガのように刻む。水にさらしてから使う。水にさらさないで辛《から》みを生かして使う場合もある。料理によって使い分ける。

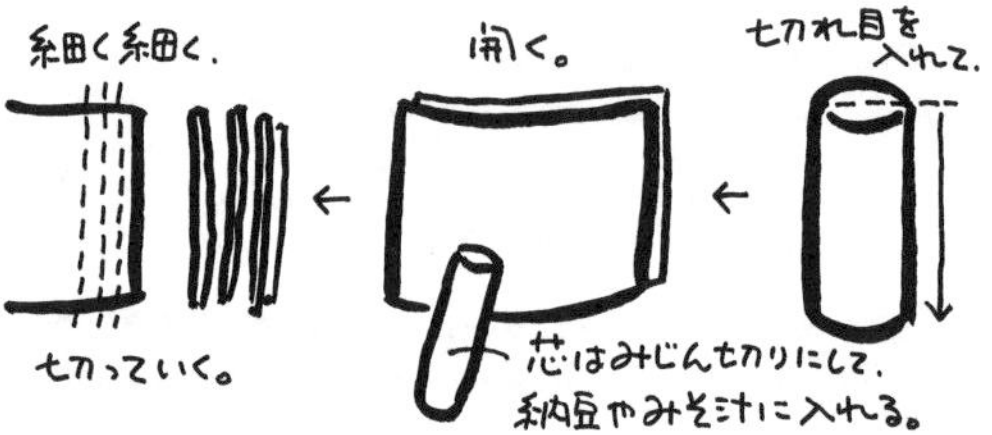

7 一口大《ひとくちだい》に切る

一口でパクッと入って食べたときに噛《か》みやすいように、切ることである。

つまり長さでいえば、大体3㎝くらいの大きさ。筑前煮《ちくぜんに》、カレー、酢《す》豚《ぶた》とかがそうである。

大根や人参《にんじん》、ゴボウ、れんこんの煮ものなど一口大に切ってあればパクッと食べられる。

お弁当に入れるおかずは、ことに一口大に切るとよい。

そして一口大だと美しく食べられる。日本食の場合、はじめから大きいものは箸《はし》で切れるが、中途半端な大きさのものは食べにくい。口の大きさの個人差などたいした問題ではありませぬ。

筑前煮　一口大に切ったゴボウ・れんこん・人参は下ゆでする。もどした干し椎茸《しいたけ》・鶏もも肉はごま油で炒《いた》め、しょうゆ・みりん・酒（各同量）、ヒタヒタの水で煮る。

パクッ
と、
やった直後に
話しかけられても
困らない大きさ。

8 ザク切りにする

キャベツや白菜などの葉ものを
5㎝くらいの大きさで、
おおまかにザクザクと切ること。
炒《いた》めたり、鍋ものやシチューとか
ドカーンとした迫力のある料理に向く切り方。

つまり、あまり神経を使って切るのではなくて、ダイナミックにザクザクザクッという感じで切るから、ザク切りというのだと思う。

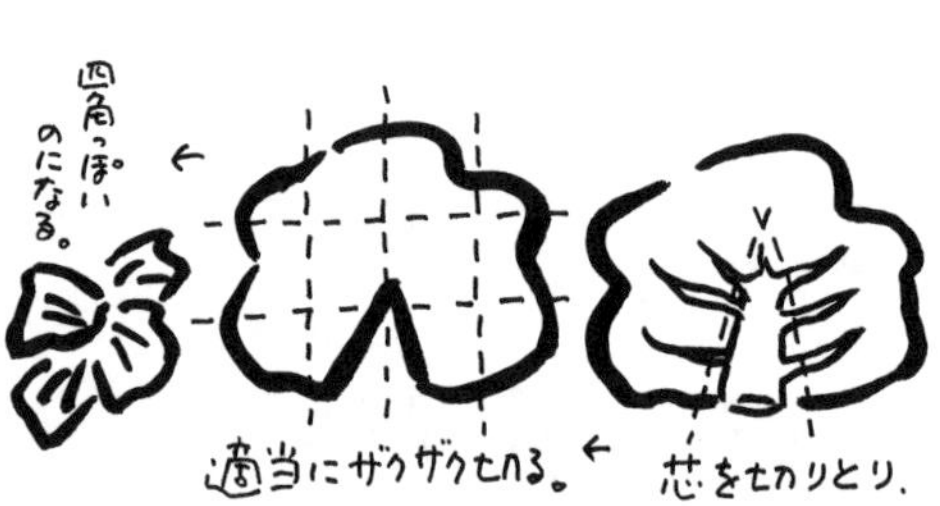

9キャベツのせん切り

↓そぎ切り39

キャベツの葉のやわらかくて、うまそうなところを重ね、細く、細く刻むこと。
固そうな芯《しん》のところは取り除くか、そぎ切りにしてから刻むとよい。

または、キャベツの丸のままを四つ割りくらいにして刻みやすい端《はし》から刻んでいく。長いのや短いのが出来るが、いろいろな部分が混じり合うのでこれはこれでイケる。キャベツせん切りスライサーなるものも売っている。便利。

せん切りはよく切れる包丁《ほうちょう》で切るほうが断然おいしい。とんかつ屋のキャベツはほとんど機械で切っているが、実は手で切るよりおいしい。刺身のツマの大根も包丁で切るより、ケンつきの道具でシャッシャッとするほうがはるかにおいしい。何でも手でするほうがうまいとは限らないという好例。水にさらしておく時間をよく聞かれるが、さらせばさらすほど、まずくなる。シャボッと洗うだけで水けをきる。

10 半月《はんげつ》切り、いちょう切り

どちらも、大根とか人参《にんじん》とか切り口が太めの円形の野菜の切り方のことである。細めのゴボウのいちょう切り、きゅうりのいちょう切りというものはあまりない。

半月切りとは、円形のものをふたつに切る切り方をいう。大根の煮ものを大ぶりに切って煮たいときなど。
いちょう切りとは、円形のものを四つ切りや六つ切りにする切り方で、いちょうの葉の形に似ていることからそういう。

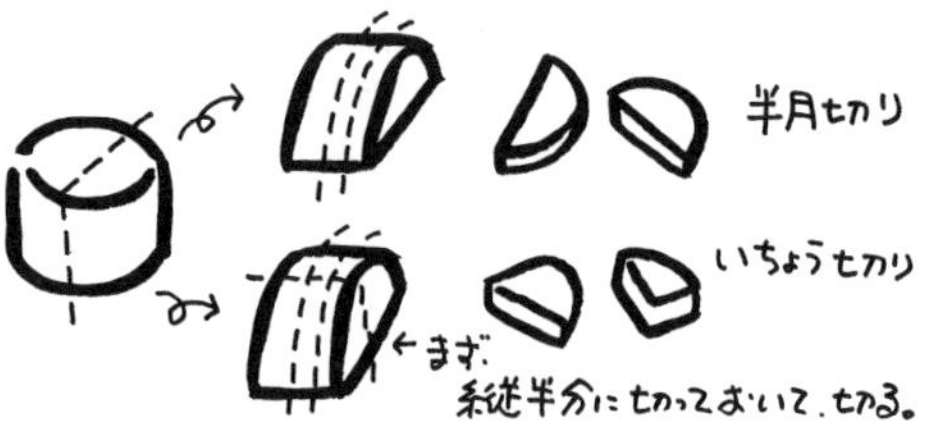
半月切り
いちょう切り
←まず
縦半分に切っておいて、切る。

11 短冊《たんざく》切り

短冊の形からきた切り方で、細長く、薄めに切ること。

幅1～2㎝、長さ4～5㎝のことが多い。

大根や人参《にんじん》によく使われる。


短冊切りじゃないとできない料理というのはないが、鯛《たい》の潮汁《うしおじる》に欠かせない大根は、なぜか絶対というほど短冊切り。

ちなみに短冊とは、俳句や歌をさらさらと書いたり、七夕で願い事を書いたりする和紙でできた紙。七夕の笹《ささ》の枝に、いろいろぶらさげたもの。

実際の短冊はかなり大きい。

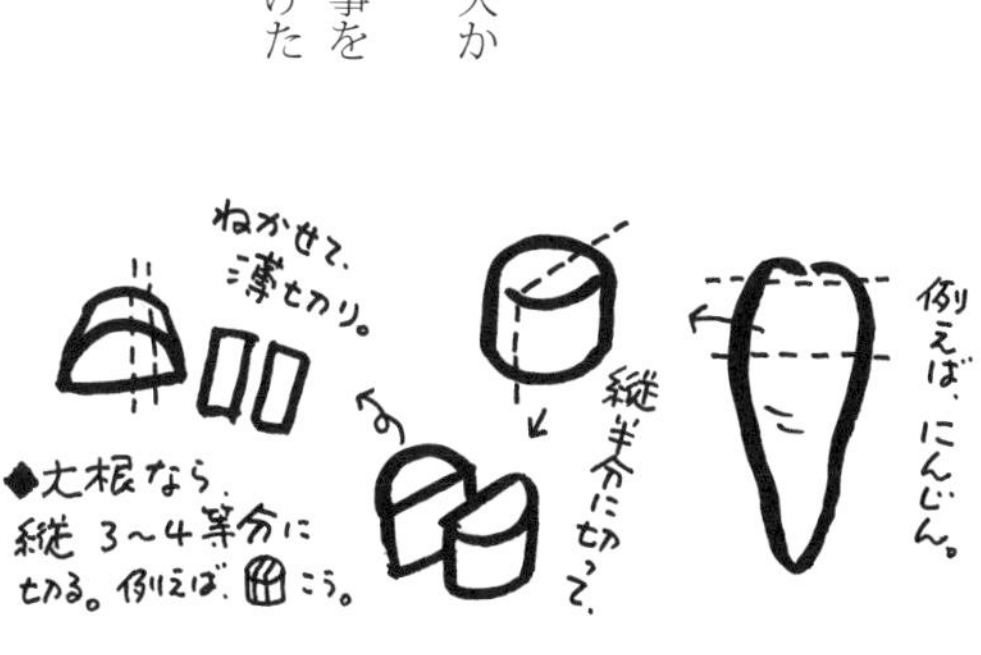

12 拍子木切り《ひょうしぎ》

拍子木切りというのは、
4～5㎝の長さで、
幅は太くても1㎝より大きくはならない。

「火の用心」のカチッカチッという拍子木の形からきたもの。
この切り方でないといけない料理というのは特にないが、ダイナミックなキンピラゴボウとか、大根をみそ汁《しる》に入れるときにいい。
それにしても、本当の拍子木を知っている人は少ないでしょうね。

大根のみそ汁 大根は拍子木切りにして、白みそ仕立て。これがなかなか。大根の甘みと、白みその甘みがしっくりくる。だしは昆布とカツオでとり、やわらかく煮えてからみそをとかす。吸い口に溶き辛子《がらし》かへぎ柚子《ゆず》ひとひら。

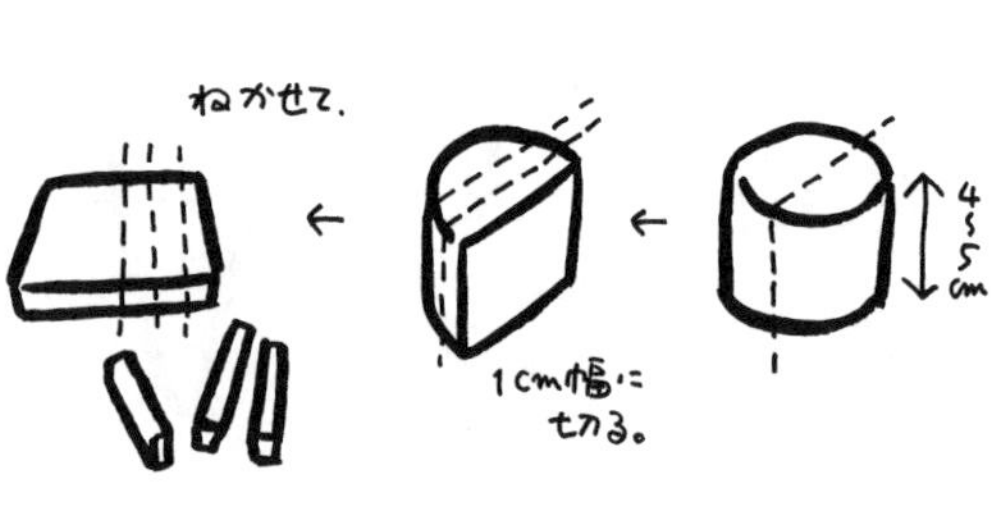

13 そぎ切り

↓スが入る106　包丁が切れないとき212

そぐように切ることをそぎ切りという。包丁《ほうちょう》の刃を、少しねかせるようにして薄く切ることである。

この切り方でないと、できない料理はあまりないが、料理の本にはよく出てくる。薄く切るので、上から見た目は大きく見えても、厚み、重さともに少ない。ちなみに包丁がスッとよく切れないとうまく切れず、切り口が美しくない。

茶碗蒸《ちゃわんむ》しに入っている鶏《とり》のささみは、そぎ切りが向いている。なぜなら茶碗蒸しの卵液と鶏肉が、ほぼ同時に火が入るから。そぎ切りにしないと、火の通る時間に差が出て、卵液にスが入る。

そのほかにも、鍋ものや炒《いた》めもののときの生椎茸《なましいたけ》のそぎ切り、ロールキャベツの芯《しん》のそぎ切りなど、食べやすくしたり巻きやすくするなどの理由がある。白菜の軸はそぎ切りとよくいわれるがまずい。「白菜の軸は切り方にコツがある」（128ページ）を参照してください。

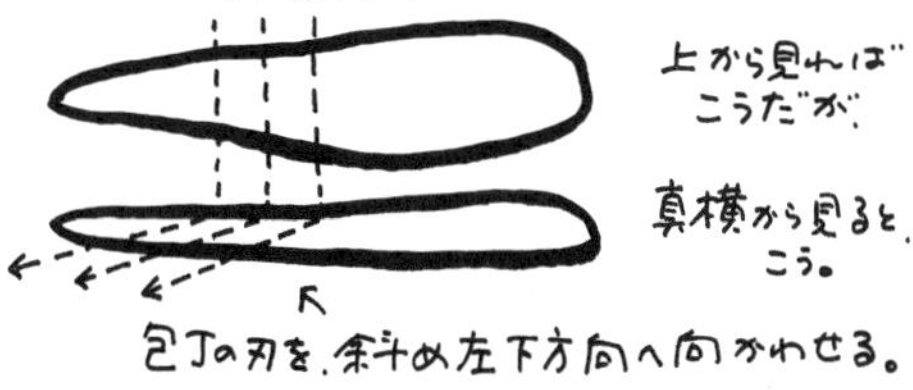
例えば、とりのササミ
上から見ればこうだが、
真横から見ると、こう。
包丁の刃を、斜め左下方向へ向かわせる。

14 ささがきゴボウとは

↓アクを取る① 101
炊き込みご飯 117

ゴボウの先を鉛筆を削《けず》るように、シュッシュッと包丁《ほうちょう》で削ったもの。笹《ささ》の葉に似ているから、そう呼ぶ。

とはいうものの、鉛筆をナイフで削ったことがない人には非常にむずかしい。包丁がむずかしいなら、ピーラー（皮むき器）でもいい。けっこううまくいく。

アク抜きと変色を防ぐため、削るそばからすぐに水に放つこと。ただし近ごろのゴボウは昔ほどアクはないから、水に放ったらすぐにザルにあげて水けをきる。

炊き込みご飯には、薄くて短いささがきゴボウがご飯とマッチしておいしいいし、どじょうの柳川鍋《やながわなべ》や豚汁（「ぶたじる」とも「とんじる」ともいう）には粗《あら》めのささがきが合う。

まさに…
鉛筆削りといっしょ。
最初に4本ぐらい切り込みを入れて。

ゆで方は大事《だいじ》

15 ほうれん草の飛び切りおいしいゆで方

↓アクを取る① 101

ゆでるときは、必ずたっぷりの煮立った湯に入れること。
さてカツ代流のゆで方の特徴は、
固い茎《くき》からではなく、葉のほうから湯に放つ。
そして、入れてから一度茎をもって返し、
湯がもう一度煮立ったときが、ゆだったとき。
ザルにあけ、大急ぎで2～3回水を取りかえ、
きれいな冷たい水に5～10分、ひたしておく。

なぜ葉のほうから先に入れるかというと、茎のほうからだと熱が伝わりにくいが、葉からだと根に向かって一気に熱が伝わり、不思議なくらい早く、行儀よくゆだるからである。
きれいな冷たい水にさらすことがとても大事。生ぬるい水にさらすのではさらす意味がない。ピカピカのほうれん草のおひたしは、まずこれが一番。味が大違いである。

水にさらすのは、アク抜きのため。これをしないと、食べたあと舌にザラッとした後味が残る。そんな場合、5分より長くさらすこと。最後にきれいな水からひっぱりだす前に、かならず味見をするクセをつけておく。

おひたしにかけるのは、おかかのほかに、もみ海苔《のり》、摺《す》りごま、柑橘《かんきつ》類（すだち、柚子《ゆず》、レモン、かぼす）などなど。

16 じゃがいもの早くて飛び切りおいしいゆで方

↓ヒタヒタの水82
男爵いもとメークイン238

じゃがいもの一番早くておいしいゆで方は、皮をむいて、切って、水からゆでる方法が一番。ゆでるときに塩を加えないこと。まずくなる。

水はヒタヒタ、スレスレ。水が多いと、煮くずれたり水っぽくなり、時間もかかる。ふたをして、強めの中火でゆでる。火が通ったらゆで汁《じる》をきり、もう一度中火に1～2分かけ、完全に水分を飛ばす。

じゃがいもは、いつも常備しておくと重宝な野菜。きったゆで汁は、捨てずにスープやみそ汁に加えるとよい。じゃがいもにはかなり種類があるが、男爵《だんしゃく》いもとメークインの2種類わかれば十分。

17 枝豆の飛び切りおいしいゆで方

もったいなくて、実はここに書きたくない。その画期的な方法は題して〝蒸しゆで法〟。豆本来の旨《うま》みが凝縮《ぎょうしゅく》したような仕上がり。そして美しい緑。このやり方を始めたらやめられない。

枝からさやをチョキン、チョキンとはさみで切り、洗って鍋《なべ》に入れる。そこに水1カップと塩すりきり小サジ1を入れササッと混ぜる。ふたをして強火でガーッと5分。タイマーをかけておくほうがよい。リーンと鳴ったら一度全体を混ぜ、1～2分さらにゆで、食べてみて、固いようならまた少しゆでる。ザルに広げ、水けをきる。

実をいうと、この方法は私が発明したのではない。新潟の知人、枝豆社《さい》長（私はこう呼んでいる）なる人物から聞いた方法で、実に拍手喝《かっ》采なのである。

18 ゆでたあと水にさらしてはいけない野菜

↓水にさらす80
アスパラガス222

つまり、水にさらしてしまうとグーンと味が落ちてしまう野菜のことである。代表選手が春菊、ニラ、オクラ、アスパラガス、三つ葉、次ページのブロッコリー、カリフラワーである。

ことに春菊は、ゆでたあとすぐザルに広げただけで水がきれ、絞《しぼ》らずそのままのほうが味も断然よい。水に放つと味が抜け、絞ることでスジスジした水っぽい味になってしまう。

意外にも、ほうれん草以外の野菜は、水にさらさないほうがよい。たいていのものは、ゆでてザルに広げて冷ませば、そのままおいしく食べることができる。

ただし、小松菜《こまつな》、せり、菜の花など、苦《にが》みを持つ野菜はケースバイケースで水にさらすこともある。

19 カリフラワーとブロッコリーも水にさらさない

どちらも小房《こふさ》に切り分けてゆでる。
注意することは、短時間で火が通るということ、
ゆで上がりはザルに広げて冷まし、水にはさらさない。

スープやシチューに入れるときは固めにゆでる。カリフラワーの場合はそのままでよいくらいだ。
ゆでっぱなしのカリフラワーやブロッコリーは、メイン料理のつけ合わせや、肉と一緒に炒《いた》めものもよい。オーロラソースをつけるのも手軽な食べ方。
日本では生《なま》で食べることはまずないが、アメリカでは生のままサラダに入っている。慣れるとなかなかイケる。

オーロラソース　マヨネーズ・牛乳各大サジ1、トマトケチャップ小サジ1をよく混ぜるだけ。

20 パスタのゆで汁《じる》は少し取っておく

ゆで汁は、全部捨てずに取っておいたほうがいい。
というのは、くっついたパスタが、
大サジ1のゆで汁を使うことで簡単にほぐれるから。
それにゆで汁だと、湯を使うよりも味もおちない。

パスタは、まず袋に書いてあるゆで時間を目安にすること。タイマーを使うといい。

たっぷりの湯をわかし、塩を小サジ1ほど入れ、芯《しん》がまだほんの少し固くて、もうちょっとかなという感じでゆで上げると、食べるときにちょうどよい。

このゆで加減を「アルデンテ」という。

パスタをゆでるときは、吹きこぼれやすいので、深めの鍋《なべ》でゆでること。

縦に入れる。
このように。
水の量はこれくらい。
火は強火
持っているなかで
いちばん
高さのある鍋で
やる。

21 そうめんは、とにかくよく洗う

↓びっくり水86
薬味182

そうめんは、ゆで方も大事だが、洗い方も大事。ゆで上がったら、とにかく、冷たいきれいな水で、何度も水をかえながら、手早くゴシゴシ、しかし、大切なものを手洗いするようにするのがコツ。

洗い足りないと塩分と油分が残って、アカ抜けない味になる。1人分100gが目安。ゆでる前に束《たば》ねてあるヒモは取っておく。必ず、沸騰した湯に入れ、びっくり水は1回。すぐにゆだるので、絶対に火のそばから離れぬこと。

年数を経たものがうまいといわれるが、管理状態のよいことが条件。家庭では梅雨《つゆ》を越すので味が落ちる。1年が限度ではなかろうか。

冷たいのもよし、にゅうめん（温《おん》めん）もよし、炒《いた》めてもうまい。冷たいそうめんに薬味は欠かせない。1種類だけでなく3～4種類あると幸せな食卓。おろししょうが、刻みみょうが、細ネギの小口《こぐち》切り、いりごまなど。

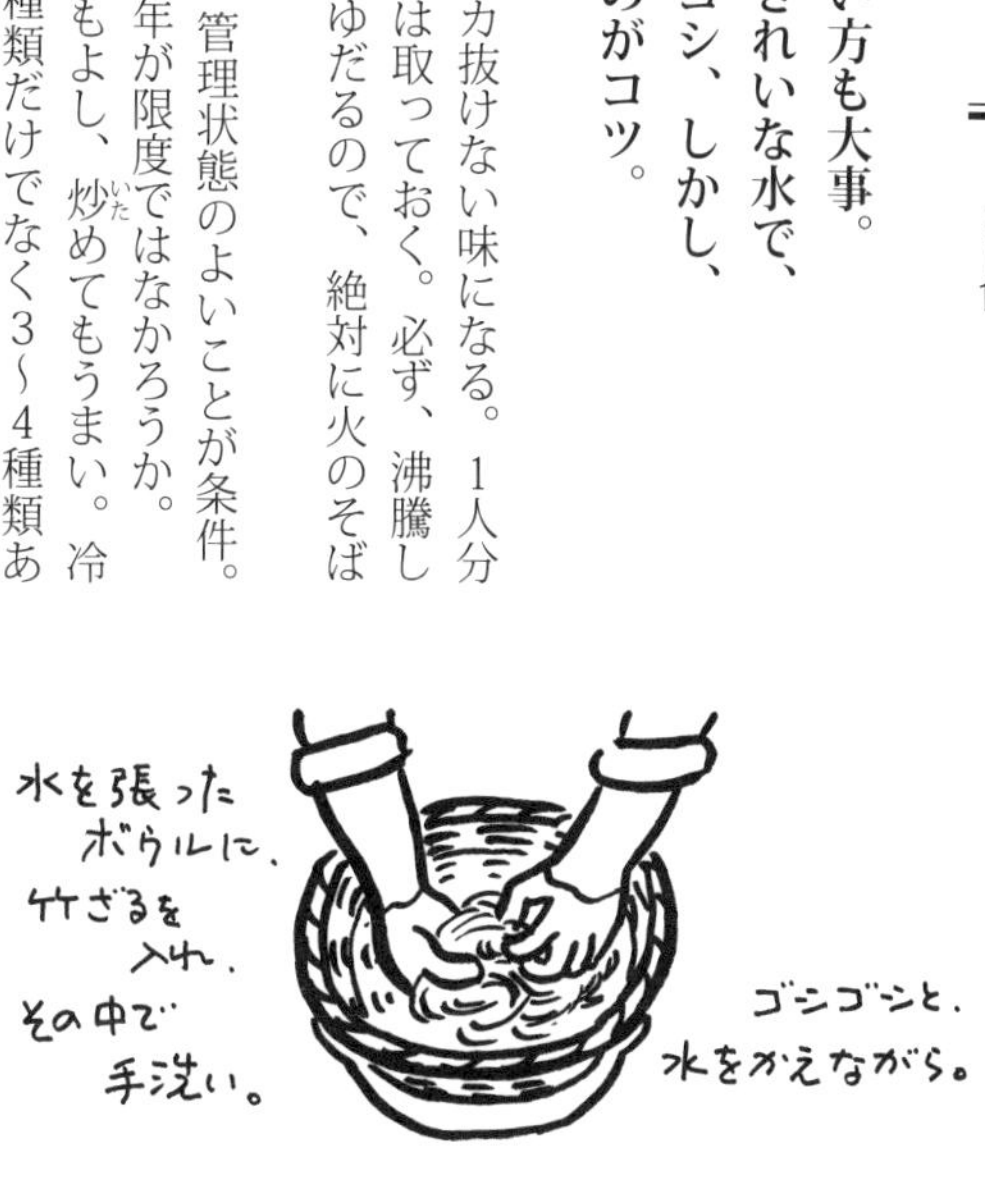

22 タケノコは皮をむいてゆでてよい

↓竹串210　水にさらす80
ゆでた新タケノコの使い方151

タケノコの旬《しゅん》は4月。
皮のままゆでると相場が決まってるが、
皮をむいてからゆでても、
皮つきのままゆでても味は変わらない。

皮に包丁でタテにスパッと切り目を入れ、皮をクリクリとむき、最後の1〜2枚は残す。それをゆで上がってからむくと、形がきれいにむける。

たっぷりの水に入れてゆでる。米ぬかや赤唐辛子《あかとうがらし》をエグミとりのために一緒にゆでるといいが、ぬかが手に入らなかったら、米をひとすくい入れてもいい。

おいしいゆで方のコツは、気長にゆで、途中でゆで汁《じる》が少なくなったら何回でも水を足す。1時間半から2時間、竹串《たけぐし》を刺してみてスス一ッと通るようになったら、たっぷりの水につけ、時々水をかえて冷たい水に一晩さらすと最高の味になる。上等のだしでゆっくり煮る。

乾物《かんぶつ》のもどし方

23 干し椎茸《しいたけ》は ぬるま湯でもどす

↓落としぶた100

干し椎茸は、もどして使う。
上手なもどし方は、さっと洗ってから、
かぶるほどのぬるま湯に30分ほどつける。

ほんとうは水でゆっくりゆっくりもどすのが味としてはベストだが、なかなか時間をかけられないこと多し。ぬるま湯でＯＫ。うんと急ぐときは熱湯でもよい。ただし味はぬるま湯でもどしたほうが上等。もどすときプカプカ浮くので、落としぶたをする。

砂糖を少々加えるとおいしいといわれるが、さしたる違いはない。

もどした汁《しる》は、おいしいときと苦《にが》いときがあるので、干し椎茸の鮮度や保存の仕方によって、味をみてから使うこと。

24 切り干し大根は水でもどす

切り干し大根は、水でもどして使う。もどし方は、さっと洗って、たっぷりの水に30分ほどつけておく。

もどすと量が3倍くらいになる。もどす時間が短いとコリコリと歯ごたえのあるものになるし、もどす時間が長いとホニャッとした歯ざわりに。ポピュラーな料理は煮もの。たっぷりの水でざざっと洗い、すぐに熱湯でさっとゆでて、軽く絞《しぼ》って甘酢《あまず》に漬けるハリハリ漬けも。

切り干し大根の煮もの　切り干し大根30gをもどし、やわらかくゆで、食べよく切る。ごま油で細切り油揚げ½枚分と炒《いた》め、だし1カップ、薄口《うすくち》しょうゆ・酒各大サジ1を加え、ふたをして中火で煮込む。

ハリハリ漬け　切り干し大根30gはさっとゆで、食べよく切る。刻んだ人参《にんじん》、昆布、赤唐辛子《あかとうがらし》少々と混ぜ合わせ、合わせ酢（米酢《こめず》大サジ2・薄口しょうゆ大サジ1・酒大サジ1・砂糖小サジ1）に一晩漬けておく。

25 高野豆腐《こうや》のもどし方はメーカーによってまるで違う

高野豆腐は豆腐をカラカラに乾燥させたものである。高野豆腐ほど、下ごしらえが変わったものはない。メーカーの表示を見ること。もどさずそのまま使えたり、水でさっともどすだけが主流になった。

ゆっくり湯にひたしてから何度も水をかえ、そのつどキュッと絞《しぼ》り上げてもどすものは、今ではめったになくなった。
高野豆腐は関西風の煮方がやっぱりおいしい。なぜか少し甘めのほうが合う。

高野豆腐の煮もの　たっぷりのカツオ節《ぶし》で濃いめにとっただしを、酒、みりん、砂糖、薄口《うすくち》しょうゆで味つけし、一度煮立たせてから弱火でふたをしてゆっくり煮る。

26 かんぴょうは塩でもんでから水につけてもどす

かんぴょうはもどして使う。もどし方は、水で濡らしてから塩をふり、洗濯するように手でよくもみ、それから洗い、たっぷりの水に5分ほどつける。

かんぴょうは夕顔《ゆうがお》の果肉を細長くむき、乾燥したものである。なぜ塩を使うかというと、塩は繊維《せんい》の組織を壊し、水分の吸収を助けるから。中途半端な量の塩ではもどらない。かんぴょう10〜20gに塩小サジ1くらい必要。倍以上の幅になったら、よく絞《しぼ》って15〜20分ほど下ゆでし、それから煮る。

甘辛《あまから》く煮たものは太巻きの具には欠かせない。大阪ではちらしずしにも刻んで入れる。かんぴょうをみそ汁《しる》の実《み》にしてもおいしい。

かんぴょうのみそ汁 もどしたかんぴょうを5㎝くらいの長さに切り、やわらかくゆでてだしを入れ、みそ汁にする。溶き辛子《がらし》がよく合う。

27 春雨《はるさめ》をもどすときは袋の説明をまず読む

春雨は、日本産と中国産では原材料ももどし方も違うので袋の説明をまずしっかり読むこと。もどったら水で洗い、水けをきったらなるべく早く使うこと。のびてくっついてしまう。

味は同じようなものだが、日本製はいも類のでんぷんなので、もどしすぎるとホニャホニャになる。中国の春雨は緑豆を使っているのでコシが強い。ただし油で揚げるときは日本製に限る。中国製は揚げてもパアッとふくらんでくれない。

袋から出すとき、必要な分だけ出したくても、からみ合って大変出しにくいが、キッチンばさみで使いたい分だけパッチンと切るとラク。

春雨のシンプルサラダ　もどした春雨20gを食べやすく切る。きゅうり1本、ハム2枚はせん切り。ドレッシング（しょうゆ小サジ1、米《こめ》酢《ず》小サジ2、塩・砂糖・ごま油各小サジ1/4）で和《あ》える。

日本料理にだしは欠かせない

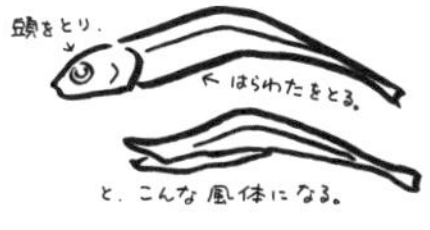
頭をとり、
← はらわたをとる。
と、こんな風体になる。

28 だしをとるのは簡単である

↓足が早い104

実は「だし」は、簡単にとれる。
なぜなら、カツオ節《ぶし》や煮干《にぼ》しは、
昔の人が作り出した
偉大なインスタント食品だから。

みそ汁《しる》や吸いもの、煮ものなどを作るときにだしは欠かせない。だしのとれていないみそ汁や吸いものは、見事にまずい。

本物の「だし汁」というものは、どこにも売っていない。つまり、だしをとるということは、だしを作ることである。

日常的には「カツオ節」「昆布《こんぶ》」「煮干し」でとることが多い。味のついていないだしは、冷蔵庫で3～4日は持つ。冷凍は味がおちるのでやめたほうがよい。

29 昆布《こんぶ》は少し煮立たせてだしをとるほうがよい

昆布は乾いた布で軽く拭《ふ》くか、ささっと水で洗ってから使う。昆布だけではコクがないので、昆布にカツオ節《ぶし》や煮干《にぼ》しを組み合わせることが多い。

昆布とカツオ節の組み合わせは最も上等なだしなので、上等な吸いもの、上品な煮ものに使う。

本来は昆布を水に30分～1時間つけてから火にかけて煮出すが、急ぐときはすぐ火にかけてよい。よく料理の本に書いてある「煮立つ寸前に昆布を取り出す」ではなかなか味が出ないので、煮立って1～2分煮出してから取り出す。

羅臼《らうす》昆布は値が張るがだしはよく出る。一般的には利尻《りしり》昆布、日高《ひだか》昆布がいい。使いやすい大きさに切って缶かビンに入れておくと、すぐ取り出せて便利。

30 カツオ節《ぶし》のだしは煮立っても、すぐに漉《こ》さない

カツオ節のだしはオールマイティ。何の料理にでも合う。沸騰した湯4カップにたっぷりとひとつかみ入れ、フツフツと1～2分、弱火で煮出すようにして、漉し器でギュッと絞《しぼ》る。

煮立ったらすぐさっと漉すのでは、だしをまだいっぱい含んでるものを捨てることになる。カツオ節そのものが昔と製法が違うので、昔ながらのやり方ではキチンとだしが出ない。だしがらはネコも食べないほどギュッと絞ること。

吸いもの、お正月の雑煮《ぞうに》、茶碗蒸《ちゃわんむ》し、京風煮もの、かつて大阪ならどこでも食べられたシンプルなおぼろうどんにはカツオ節のだしは必須《ひっす》。

おぼろうどん　だしに薄口《うすくち》しょうゆとみりんで味をつけ、かまぼこと小口《こぐち》切りの細ネギを散らし、食べる直前におぼろ昆布《こんぶ》をフワリとのせる。七味《しちみ》唐辛子《とうがらし》も欠かせない。

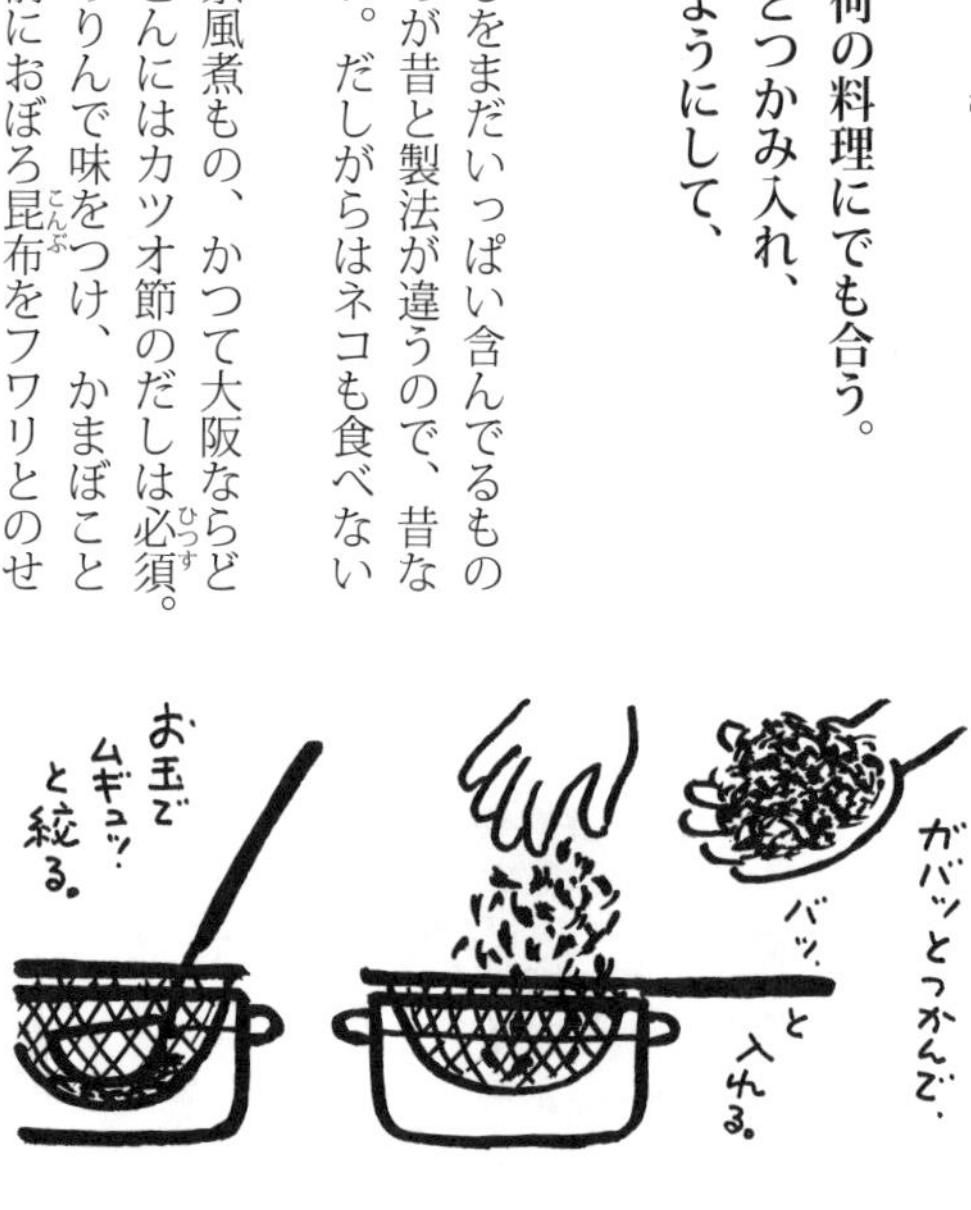

31 煮《に》干《ぼ》しは水から入れ、コトコト煮出してだしをとる

煮干しは2人分、水2・5カップにだいたい6匹。水に入れて、沸騰してから5～10分前後、弱火でコトコト煮出してから取り出す。

煮干しは頭とハラワタを取って使うほうが上品な味になる。それをさらにふたつに割ると、よりだしが出るともいわれるが私は割らない。だしが濁《にご》りやすいから。

寒い季節なら寝る前に水につけておき、朝、火にかけ、沸騰すれば取り出す。これでOK。でも暖かい季節になったら、やめたほうがいい。生臭《なまぐさ》くなり、かえって味はよくない。使う日に煮出すほうがいい。

煮干しのだしは青菜と油揚げ、大根と油揚げ、じゃがいもと玉ネギ、わかめと豆腐などのみそ汁《しる》によく合う。吸いものにはめったに使わない。

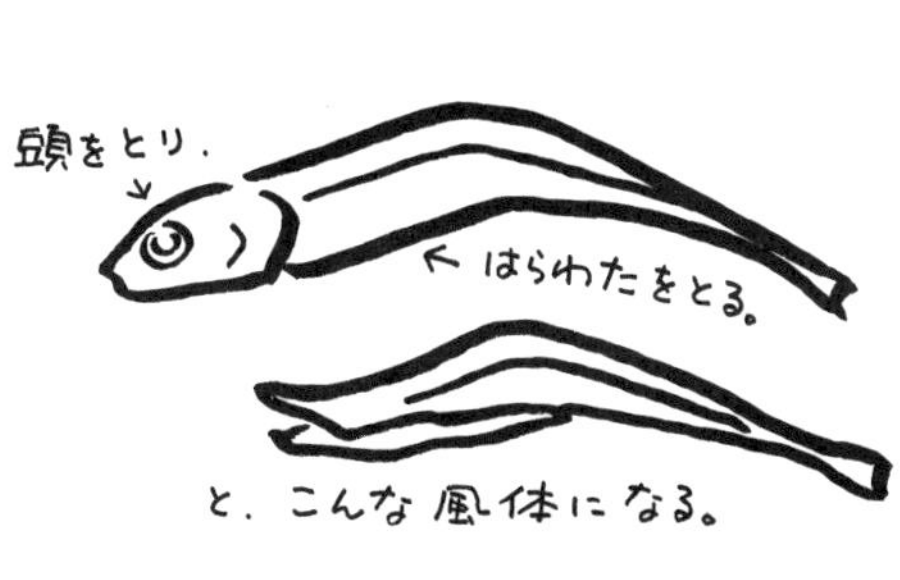
頭をとり．
はらわたをとる。
と．こんな風体になる。

32 インスタント＋αでおいしいだしをとる

↓セロリの葉223　オレガノ、バジル175
ローレル174

洋風や中国風のスープのだしをとるのは、カツオ節《ぶし》や煮干《にぼ》しのだしと違って、とても時間がかかる。固形や顆粒《かりゅう》のブイヨンやスープの素《もと》は便利だが、今ひとつ味が足りない。そこで、インスタントにプラスαで味をアップさせる。

①**ブイヨン＋昆布《こんぶ》**↓スープを煮るときに、昆布も一緒に煮出す。

②**ブイヨン＋香味《こうみ》野菜（洋風ならセロリの葉・パセリの軸、中国風なら長ネギ・しょうが）**↓スープを煮るときにはじめから、料理に合わせ、いずれかの香味野菜を入れておく。

③**ブイヨン＋乾燥ハーブ（オレガノ、バジル、ローレル）**↓スープを作ったら料理に合わせ、いずれかのハーブを1種類プラス。

2

キチンと理解すると手早くできる
知っておきたい料理ことば45

火《ひ》加《か》減《げん》ことば

33 とろ火

「とろ火」というのは、
火がついているギリギリの状態。
とろとろという感じの火加減のこと。

①たとえば、カレーやホワイトシチュー、ホワイトソースなど焦げやすいものを温めるとき。

②たとえば、おでんを食べるときのように、コンロの上で保温状態に保ちたいとき。

ただし、いずれもいったんは必ず煮立て、それからとろ火にすること。なぜか。はじめからずっと弱いとろ火では味に「力」が出ない。

鍋の中は、例えばカレーでも、
表面に動きなし。
炎は、さざ波状態。
やっとこ火がついている、という感じ。

34 弱火

↓煮立てる71

「弱火」というのは、弱いけれども、鍋《なべ》の中の材料の表面がフツ、フツ、フツと静かに、微妙に、息をしているような状態のこと。

たとえば、チキンやビーフのスープをとったり、ソースやタレを煮詰めたりするようなとき、あるいは煮汁《にじる》をしみ込ませるように煮るときによく使う。

一度煮立たせてから、弱火にし、煮込むというケースが多い。

ただし、とろ火と間違ってはいけない。弱すぎると火は通っていても、ずーんと沈んだ味になる。水っぽいような、とにかくまずい、のである。

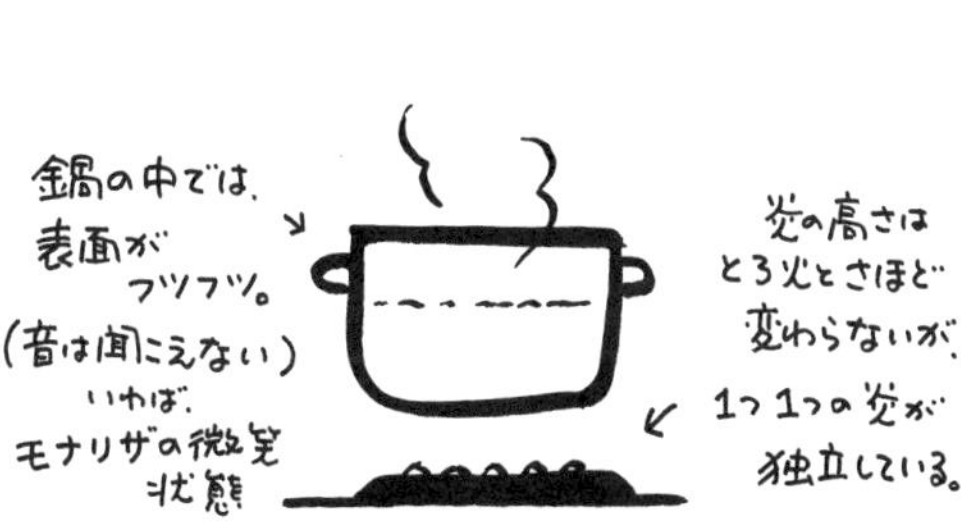

35 中火

「中火」というのは、
鍋《なべ》の中の材料の表面がフツフツフツと
元気よく呼吸しているような状態のことをいう。
ただし、強火ではない。

たいていの料理は中火でもできるが、様子を見て弱くしたり強くしたりするのは、あなた自身の観察による。

料理の本で特に火加減の指定がなく、よくわからないときは、中火にしておくといい。

つまり、無難な火加減のことである。

鍋の中は、
表面が
元気よく
フツフツいっている。
音もちゃんと
聞こえる。
「しっかり
働いてます」
という感じの
炎。

36 強火

「強火」というのは、
のせた鍋《なべ》の底いっぱいに
火があたる状態をいう。
煮る場合は、
材料の表面がグラグラとしている感じ。
炒《いた》める場合は、
バチバチパチパチと激しい音のする状態。

野菜炒めは、たいてい強火。ステーキも強火。
ただし中華鍋以外は、鍋の底よりも火が飛び出してはいけない。
家庭では火事、ヤケドのもとである。
そして、決して鍋の前から離れてはいけない。

強火で
使っている時
は、
決して
台所を
離れない！

37 低温、中温、高温

↓油通し96

揚げものをするときの油の温度をおおまかに分けると、低温・中温・高温の3種類がある。たいてい中温を使うことが多い。

「低温」とは150～160度のこと。材料を入れてもジュッと音はせず、静か。パン粉を入れるとドヨ～ンと下に落ち、よっこらしょと上がってくる。中国料理には「油通《あぶらとお》し」という下準備があるが、これはたいてい低温でする。

「中温」とは180度くらいのこと。鶏《とり》の唐揚げ、天ぷら、とんかつ、コロッケなど、一般的な揚げものはたいていこの温度である。パン粉を油の中に入れると、途中まで落ちたかと思うとヒュルヒュルと上に上がってくる。

「高温」というのは、200度くらいのこと。パン粉を入れると即上がってくる。めったに使わない。油がグツグツするのでちょっとこわいかも。

38 煮立てる

つまり、沸騰させることである。

たとえば、湯が煮立ったらカツオ節を入れるというとき。中火あるいは強火で、湯を煮立たせる。フツフツとなってきたら、カツオ節を入れる。火を弱火にしコトコト煮出すというように。あるいは、煮立ったらすぐ火を止めるという場合もある。みそ汁《しる》のときなど煮立つ、即火を止める、といったタイミングがとても大事。

シチューを作るとき。最初、煮立つまでは中火とか強火にし、煮立ったら弱火でコトコトというときは、「煮立ててから煮込む」という。煮立ったあとも強火のままでグツグツすると、材料の形がくずれてしまったり、味がおちたりする。あるいは、透明に仕上げるはずのスープが濁《にご》ったりする。

39 さっとゆでる、さっと炒《いた》める

「さっと」とは、どれくらいか？

えっ！　こんな短い時間でいいの、というような時間のこと。

ただし、表面は必ず熱くなることが大事。

その素材や料理の内容によって時間は違うが、

2分以上の「さっと」はないと思っていい。

たとえばきのこをさっと炒める——油を熱し、きのこ、塩を入れ強火でジャッ、ジャッ、ジャッ。手で全体をちょっとさわる。アチチ！　はい、それまで。

ブロッコリーをさっとゆでてから炒めたいとき——ブロッコリーを熱湯に入れる。グラグラきたら、はい、すぐあげる。生《なま》から炒めると、油もたくさんいるし、火が通るのに時間がかかり、色よく仕上がらない。

レタスのさっと炒め　レタスは大きめに切る。中華鍋《なべ》にごま油と赤唐《あかとう》辛子《がらし》1本を火にかける。熱くなったらレタスを入れ、すぐ塩適宜《てきぎ》加え、強火でシャッキリ炒める。仕上げにこしょうをパッパッ。

40 煮《に》含《ふく》める

↓高野豆腐54　弱火67

煮汁《にじる》がジワーッとしみ込むように煮ること。高野《こうや》豆腐とか、がんもどきなどを煮るときの、日本料理独特のいいまわし。おいしそうと、イメージさせることば。

だしが効《き》いている感じ。即席の味ではない。その素材に旨《うま》みがまんべんなく行きわたっている感じ。

コトコト弱火で煮含めるという表現が多い。あっというまに煮含める、強火で一気に煮含める、グツグツ煮含める……とはいわない。

煮含めたものに限っては、熱々より冷めかげんか冷めてからのほうがおいしいことが多い。

よって煮含めるの「含める」の部分には、火を止めてからの時間も入っている。

煮含めるには余熱で火を止めてからすぐ器に盛りつけないで、じんわり味がしみ込んでいくまで鍋《なべ》の中にそのままおく。

41 余熱

↓肉じゃがの作り方121　竹串210

火は止めたあと、残っている熱を余熱という。余熱で材料に火が通っていくことも多いので、そのぶんを考えて料理をするようになると料理の腕はぐんとアップする。


たとえば、肉じゃがを作るとき。

出来上がり間近に、煮えたかなとじゃがいもに竹串《たけぐし》を刺してみる。まだほんの少し芯《しん》のほうが固い気がする。そんなときはふたをして火を止め、そのままにしておくと余熱でじゃがいもに中まで火が通っている。

逆に、炒《いた》めものやキンピラはシャッキリ感が身上《しんじょう》だから、いつまでもフライパンや鍋《なべ》の中にほったらかしておくと、ベタッというかシナッとしてしまい、せっかくの炒めものもキンピラも煮もののようになってしまうので、気をつけねばならない。

いまから
おいしくなるからねー
と言っているので、
そのまま、そっと
しておく。
ふたも そのまま。

42 煮からめる

↓煮含める73 中火68

料理の仕上げの作業のこと。
煮詰めて少なくなってきた濃い煮汁《にじる》を
火をバーッと強くし、
煮汁をからめて照りをだす。

材料の外側全体を艶《つや》よく仕上げること。だから汁をほとんど残さない。たっぷりの煮汁でじわーっと煮含《にふく》める京風の煮ものに対し、色は濃くて全体がカラッ、ピカッと仕上がる。

ただ、煮からめるにはコツがある。火は強めの中火。煮汁が少ないので、必ず鍋《なべ》をゆすっていること。これ大事。ボーッと見ていると、あっというまに焦げついてしまう。

たとえば、お弁当などに入れる人参《にんじん》やゴボウなど根菜《こんさい》の煮ものを作る場合に、煮からめるほうが向いている。

43 火を入れる、火を通す

↓中火68

2つの意味がある。
①一度煮て冷めたものを、もう一度火にかけて煮ること。
②材料の中までキチッと熱が入るようにすること。

①の例。残りもののカレー、おでんや煮ものを明日まで持たせたいとき。いたむと困るから寝る前や翌朝に「もう一度、火を通しておこう」というようによく使うことば。

②の例。火を入れるからといって、鍋《なべ》に直接火を入れることではない。むしろ、中火以下の火でじわーっと中心まで熱を通すことである。ある若者が「中まで完全に火を入れる」という文章を読んだとき、中華のシェフが中華鍋《なべ》でボォーッと炎を上げて炒《いた》めているのを想像したという。これは違う。

44 キツネ色

フランスパンのような色のことをいう。揚げたり、焼いたりするときに、「キツネ色に」と出てきたら、フランスパンを思い出すべし。それもよく焼けたパンをである。

キツネ色とはおいしさの信号。見ただけで食欲がわいてくるような色である。

だからキツネ色になるまで焼くとあれば、全体をこんがり焼かなくてはいけない。ところどころキツネ色とか、一部だけキツネ色ではいけない。

なぜかほかにはこういった表現は見つからない。

タヌキ色だとかペリカン色に焼くとかいわないのは不思議。

45 あら熱がとれたら

熱々の材料を、
手でやっとさわれるくらいの温度まで
冷ました状態のことをいう。
あったかいというより温度は高く、
「やっとさわれる」ということが大事。

たとえばコロッケ。熱々のじゃがいもをつぶし、炒《いた》めた肉を加えたあと、あら熱がとれないとコロッケ形にまとめるのはむずかしい。熱くて、てのひらをヤケドする。

それから焼き立てのバターケーキやスポンジケーキ。型からはずすのにあら熱がとれてからでないと、手をヤケドする。ちなみに、完全に冷めてからケーキ類を型からはずすとおいしくない。

水加《みずか》減《げん》ことば

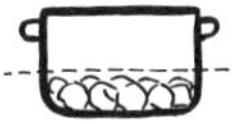

46 水にさらす

↓下ごしらえ90　アクを取る①101
白髪ネギ32　ささがきゴボウ40

**下ごしらえした材料のアク抜きをしたり、
変色するのを防いだり、
あるいはシャッキリさせたりするため、
たっぷりめの冷たい水に入れておくことをいう。**

たとえば、辛《から》い玉ネギをサラダに使うとき水にさらす。白髪《しらが》ネギを刻んだあと水にさらす。ゆでたタケノコを水にさらしてアクを抜く。ゆでたほうれん草を水にさらしてアクを抜く。

切ったれんこんを水にさらしてアクを抜く。ささがきにしたゴボウを次々と水にさらす。

細く切ったきゅうりを水にさらしてシャッキリさせる。

ただし、さらしすぎると味が抜けてまずくなる。タケノコ以外はせいぜい長くて10分まで。

47 材料がかぶるほどの水

↓ヒタヒタの水82
高野豆腐54

材料がかぶるほどの水（またはだし）というのは、その素材がちょうど隠れる分量のこと。つまり材料が、水から少しでも出ていてはいけない。ヒタヒタよりも多い量のこと。

かぶるほどの水とか、かぶるほどのだしという表現の調理は、材料に火が通り、さらにやわらかく煮て味をしみ込ませたいときに多く使う。たとえば人参《にんじん》のグラッセ、あと弱火でゆっくり煮ていく高野《こうや》豆腐の煮ものなど京風の煮ものはかぶるくらいの煮汁《にじる》が向いている。

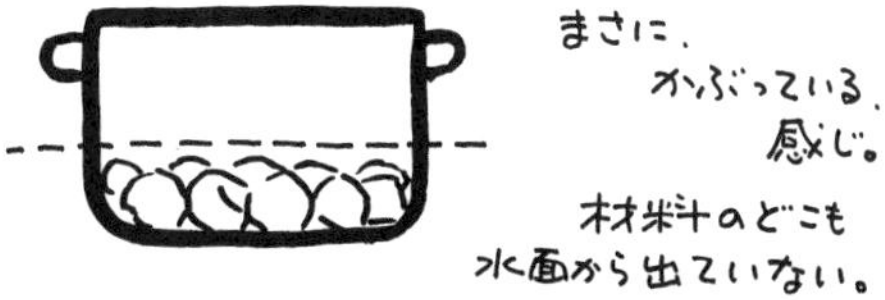
まさに、
かぶっている。
感じ。
材料のどこも
水面から出ていない。

48 ヒタヒタの水

↓竹串210

ヒタヒタとは、材料と水（またはだし）の量が、鍋《なべ》の中でスレスレにある状態。

切った野菜はたいていの場合、ヒタヒタの水で強火や中火で煮ると、ちょうどよく中まで火が通る。煮くずれの心配もいらない。水が多すぎると材料が浮くので、煮立ったときに中で材料が躍《おど》るようになり、角がとれてしまう。

特にいも類やかぼちゃなどを煮るとき、水を入れすぎると、中に火が通る前に煮くずれる。竹串《たけぐし》を刺してみたら、外側はベチョでも中は固いなんてことになるのでご注意。

かぼちゃの煮もの　かぼちゃ250gくらいの皮をところどころむき、3cm角に切る。鍋《なべ》の中を水で濡らし、皮を下に並べ、水ヒタヒタ、薄《うす》口《くち》しょうゆ・みりん各小サジ2、ふたをして強めの火で7〜8分煮る。火を止め余熱でジワッ。

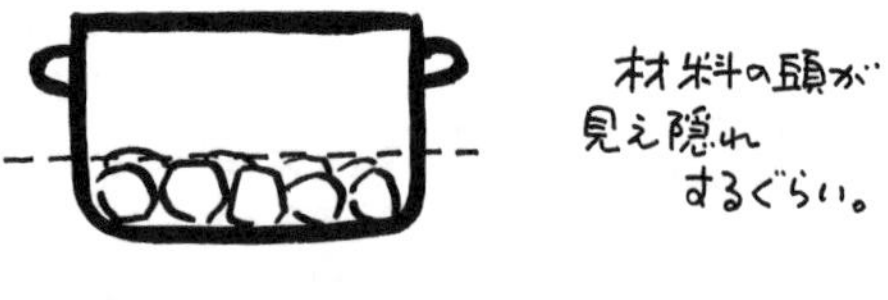

49 海水くらいの塩水

↓アクを取る①101

さつまいもや茄子《なす》などの、アクが強く色の変わりやすいものは、切ったあと、たっぷりの海水くらいの塩水につけ、アクを抜いたり、変色を防いだりする。


海水くらいの塩水は、実は、けっこうしょっぱい。つまり海の味である。といっても海の味を知らず育つ人もいる。

水の３％ぐらいの塩分だが、水３カップに実際に塩18g（大サジ山盛り１強くらい）を入れてみて、ペロッとなめてみるとしょっぱさがわかる。

アク抜き目的でつける場合は、時間にして10分前後。

50 もどす

↓干し椎茸52　切り干し大根53
春雨56　高野豆腐54

もどすとは、乾物《かんぶつ》で縮んだ食材をぬるま湯や水でもとの大きさにもどすこと。また、乾物とは、乾燥させた保存食のこと。

干しわかめ、干し椎茸《しいたけ》、ひじき。切り干し大根、豆、春雨《はるさめ》などがその代表。

もどすとひとくちにいっても、10分くらいでもどるわかめもあれば、フカヒレのように何日もかかるものもある。

フカヒレなんかは覚える必要はないが、あとは袋の表示通りにするのが一番。

豆は一般的に、水で一晩もどしてから翌日ゆでてもどす。でも小豆《あずき》やレンズ豆みたいに、いきなりゆではじめてもどすものもあるのでややこしい。

51 ゆでこぼす

一度ゆでたものの湯をいったんきる、捨てることである。アクを取り除く、下ゆでする、青臭さを取るとかいろいろ味の向上に役立つ。

なぜ〝こぼす〟なんていうことばかというと、少しベテランになると、鍋《なべ》ぶたで中のものがこぼれないように押さえつつ、上手に湯だけこぼしてしまうからである。

ゆでこぼしたあと、その鍋の中で具の入ったまま、次の調理段階に進むことが多い。

しかし、大量の湯の場合はザルにゆでこぼすほうが安全である。

52 びっくり水

→そうめん49

グラグラ煮立っているところにコップ半分ほどの水を入れて急激に鍋《なべ》の中の温度を下げることである。瞬間的に温度を下げることで、ものの中心部にまで火を通す。

たとえばお正月の黒豆を煮ているとき、乾《かん》めんのそうめん、ひやむぎ、うどんなどをゆでるときによく使う手法である。芯《しん》を残してゆでるパスタ類などは、びっくり水はしない。感情移入したような調理用語である。まあ、一定の温度でクツクツしているところへ不意打ちに水を入れられたら、そこにいる豆にしてみれば急に温度を下げられ、「あー、びっくりしたぁ」というような気持ちになるだろう。不思議なことばである。「差し水」ともいう。

53 水けをきる

料理用語で水をきるとは、たとえば、
洗ったほうれん草をザルに入れて、水けをきる。
サラダ用の野菜を洗ってザルに入れて、水けをきる。
白滝《しらたき》をザルに入れて、水けをきる。

つまり、ザルとワンセットになった手順である。

ほどよく、余分な水分をとる方法のこと。

そば屋やうどん屋で、めんを小さいザルに入れてとんとんと水けをきって、丼《どんぶり》に移して汁《しる》をかけているが、アノ作業のことである。

水をはさみで切ることではない（念のため）。

54 塩抜き、塩出し

**お正月の塩数の子や塩くらげのように
たっぷりの塩で保存されているものや、
しょっぱすぎる塩鮭《しおざけ》などを
食べられるしょっぱさまで塩分を抜くことをいう。**

塩出しするときのコツ。

前日に真水《まみず》（塩水にたいして水のことをそういう）で洗ってから、2カップの水に小サジ1くらいの薄い塩水にひたすほうが、塩分がよく抜ける。

塩けのあるものをさらに塩水で、とは不思議ではないか。しかし、昔の人の知恵はすごい。科学的である。塩が塩を呼ぶので、「呼《よ》び塩《じお》」ともいう。

その他の よく使われることば

55 下ごしらえ

↓もどす84　三枚、二枚に下ろす97

下ごしらえとは、
洗ったり、皮をむいたり、ゆでたり、もどしたり、
実際、調理をするまでに必要な段階《プロセス》をいう。
下準備ともいう。

下ごしらえとは、その料理の味が決まるといえるほど、大事な手順である。野菜を洗っておくことや切っておくこと、料理によってはゆでておくことも下ごしらえ。魚のウロコやハラワタを取るのも、二枚や三枚に下《お》ろすのも。合わせ調味料も。

必要な下ごしらえをいいかげんにすると、味にもひびく。

あっというまに作った料理は気合いが入っておいしいというのが、私の持論だが、そのためには下ごしらえがきちんとできているほうがいい。

中国料理などの炒《いた》めもの料理のおいしさは、下ごしらえのたまものといってよい。

56 下味《したあじ》をつける

➡ぬた191　塩こしょう92
ムニエルの焼き方146

下味をつけるとは、
わかりやすくいうと
「味の根回し」のようなものである。

いきなりしっかり味つけをするのではなく、前もって材料をその気にさせておくこと。

たとえば、〝ぬた〟や〝ごま和《あ》え〟を作るとき、わけぎやほうれん草をゆでてしょうゆ少々をふりかけておくことなど、下味をつけておくという。

酢豚《すぶた》や春巻きの中身の肉、カニ玉の卵に少し入れる塩、シチューの中に入れる肉や鶏《とり》の唐揚げの鶏肉に塩こしょうしておくこともそうである。

ムニエルの魚の切り身、ソテーの肉など、塩こしょうで下味をしないと、あとでいくらソースをかけ、塩をふりかけようと、塩辛《しおから》くなるだけで間抜けな味になる。

57 塩こしょうする

↓適宜228

「塩こしょうする」というのは、塩とこしょうを、適宜《てきぎ》、適量、ふりかけるということである。
なぜか「こしょう塩する」とは、いわない。

料理用語として大変よく使われていることばだが、よく考えると、日本語としておかしい。あるとき年配の男性の読者から問い合わせがあった。

「塩こしょうすると料理の本によく書いてあるが、塩こしょうたちが、いったい何をするんでしょうか?」

日本料理にしょうゆが欠かせないように、西洋料理には欠かせない調味料のコンビである。

58 切り落とす

切り落とすとは、
「ヘタを切り落とす」「茎《くき》を切り落とす」というように、
ヘタは要《い》りません、茎は要りません、
という意味の不要な部分なので、
切って捨ててよい。

だから、よくバナナのいたんでいる部分は切り落として食べる。
長ネギの悪くなったところだけ切り落とせば、まだまだ食べられる。
切り落とすときは、バサッといさぎよく切ってしまってよい。

59 スジを取る

ふきのスジを取る、
絹さやのスジを取る、
セロリのスジを取る、という。
なぜスジを取るかといえば、
食べたとき、口に当たって食べにくいから。

しかし、最近は野菜も人間と同じように軟弱《やわ》になり、いんげんなどはスジがなくなってきたので、取らなくてもいい場合もある。

セロリやふきはスジだらけなので、取りはじめるとキリがない。適当なところでやめる。

鶏《とり》ささみのスジは、よほど筋肉隆々（？）の野山を駆け回っている鶏でなければ気にならない。

ただし、おでんなどに使う牛《ぎゅう》スジとなると話が違う。スジそのものをいったんゆがいてから、コトコトコト2時間くらい煮たりすると実にうまい。

セロリのスジとりはピーラーがいちばん。
スイスイと楽しいからといって食べる部分までむかぬこと。

60 油抜《あぶらぬ》き

↓油揚げ195

ふつう、油揚げやおでんに入れる練りものの余分な油を取ることをいう。いつも油抜きをする必要はないけれど、したほうが味がアカ抜けるし、あっさりする。

一番ポピュラーなのは、ザルに入れて熱湯をかけ回すか、ゆでる方法。簡単にすませるなら、ぬるま湯でざっと洗い、ギュッと絞《しぼ》るだけでも油分がずいぶん抜ける。

しかし、現在は油揚げを作るときの揚げ油も何度も使ったものではなく、きれいなものを使っているので、少量を使うみそ汁《しる》などの場合はそのままでよい。

いなりずしのように大量に使う場合は、たっぷりの湯で10分くらいグラグラゆでてからさらに水洗いをし、キュッと絞るほうが断然おいしく仕上がる。

61 油通《あぶらとお》し

↓下ごしらえ90　低温、中温、高温70

本格中国料理を味わうには不可欠な作業。

下ごしらえみたいなものである。

本格的なチンジャオロースーやエビチリ、レバニラのレバーを低めの温度で揚げること。油通ししたものを強火でジャーッと炒《いた》めてからめるという手順をふむことが多い。


油通しをすると油っこくなるんじゃないかと誤解している人も多いようだが、そのあと強火でガーッと炒めるので、むしろ油切れもよくなる。歯ざわりよく、仕上がりの色を美しくするための中国料理の偉大なる知恵。

62 魚を三枚に下《お》ろす、二枚に下ろす

↓ムニエルの焼き方146
煮魚のコツ125

魚を「三枚に下ろす」とは、1匹の魚の、頭とハラワタを取って、身・骨・身と三枚に切り分けることをいう。

サバの竜田《たつた》揚げ、アジのタタキ、天ぷらなど骨は邪魔だという料理は三枚に下ろし、料理に合わせて切り分ける。魚のムニエルは三枚下ろしが食べやすい。

「二枚に下ろす」とは、頭とハラワタを取って、骨のついた身とついてない身とに切ることをいう。煮魚の場合は、骨からのダシが出るので、二枚に下ろしたほうがおいしい。

今の人は魚を下ろせなくなったとバカにする人がいるが、魚屋と仲良くなって、「三枚に下ろしてそれを4人前に切ってください」と堂々といっても、ちっとも恥ずかしいことではない。

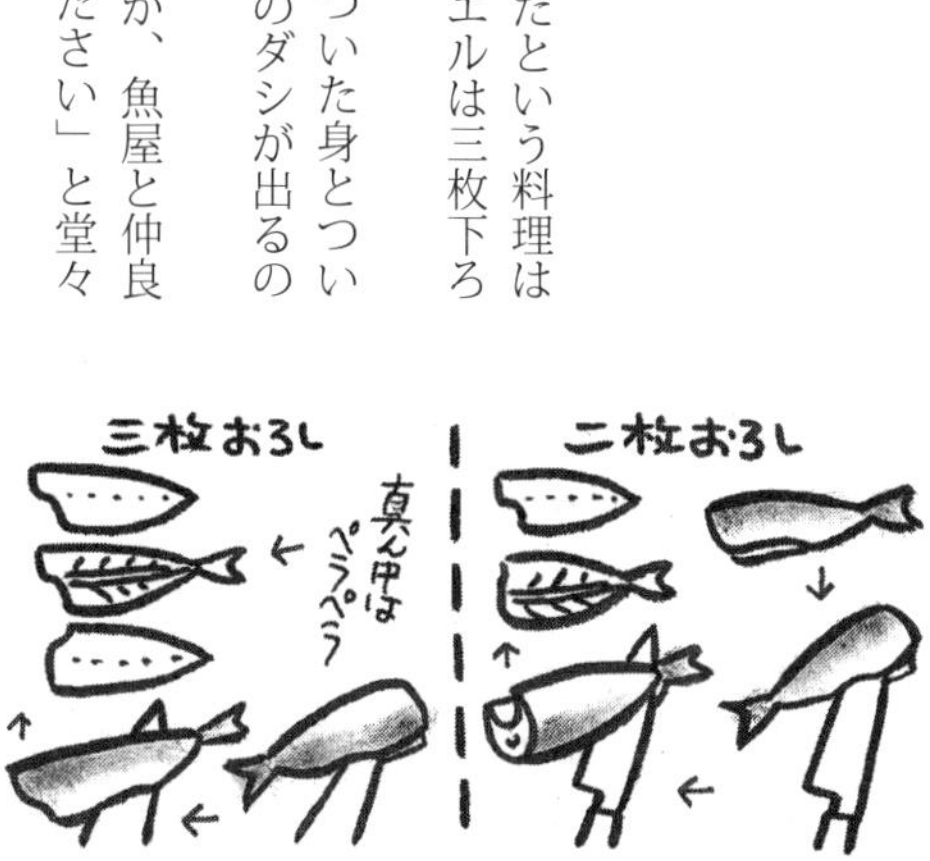

63 粉をはたく

材料全体に小麦粉をつけることである。

なぜ、はたくというのか。

粉がぼってりとつかないように、つまり均一に粉がつくように、ついたらまんべんなく手で粉をパタパタとはらい落とすからである。


粉をはたく料理はムニエルやフライをするとき。

大切なのはイカの天ぷらのとき。皮をむいて切ったイカは必ず水けを拭《ふ》いてから粉をはたいて、それから天ぷら衣《ごろも》をつける。それをしないと、揚げてる最中に油が飛んで危ない。

ムニエル、フライなども、材料の水けを拭いてから小麦粉をつけることが大事。水けを拭かないと、小麦粉が薄く均一につかない。

小麦粉をつけたら、すぐに焼いたり、揚げたりする。でないと水けが出てきて衣がベロンとはがれたりする。

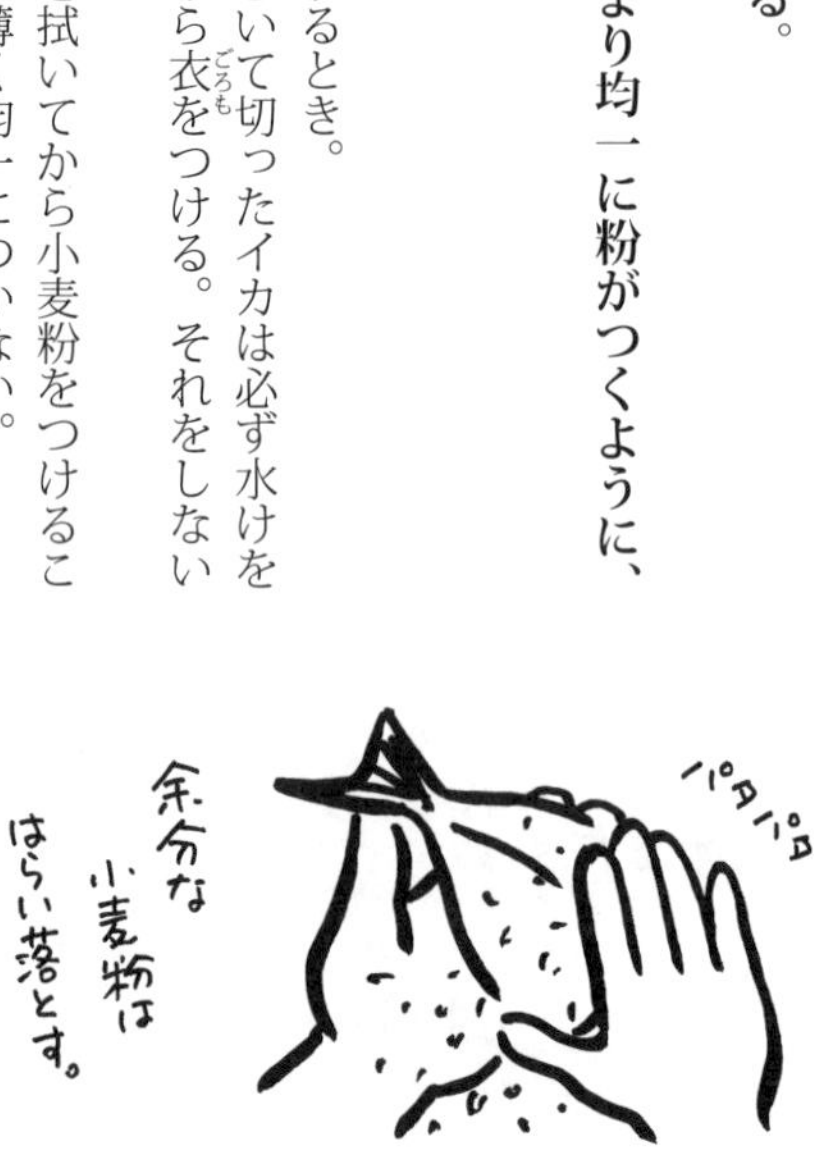

64 しんなり

大根とかキャベツのせん切りに塩をパラパラふりかけておくと水が出て、全体がシナッとする。それが「しんなり」である。


つまり、歯ごたえがやさしい状態になることである。

また、菜っぱをゆでたとき、火が通ると、湯の中でシナッとするのも「しんなり」という。

漬けもののように、ある程度の量の塩を使って水分をぬく、保存目的の「しんなり」もある。

おいしさを表現する言葉で、買ってきた菜っぱやレタスなどを冷蔵庫に入れ忘れていたときは、しんなりしているとはいわない。

65 落としぶた

落としぶたとは、煮もののときなどに、味を含《ふく》ませるため、鍋《なべ》よりも小さめのふたをすることである。鍋のふたを上から落とすことではない。

落としぶたには3つの効果がある。
①匂《にお》いがこもらない
②煮汁《にじる》がよく全体に回る
③材料が煮くずれない
木製の落としぶたは木の匂いが移ってしまうので、私は好きではない。鍋より一回り小さいふたであれば何でもよい。近ごろはステンレス製やシリコンゴム製の落としぶたも市販されている。
1回さっと濡らしてから使うと、魚（特にイワシやカレイ）の皮がふたにくっつきにくいし、何よりも洗うときにラク。

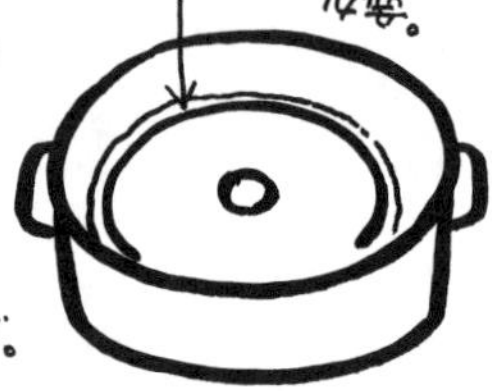

66 アクを取る①

↓ほうれん草のゆで方42　水にさらす80

アクを取るというが、
アクも少しはないと、その素材のもっている旨《うま》みがない。
しかし、過ぎたるは及ばざるがごとし。
なんでもほどよくがよいのである。
「必要悪」といえばいいだろうか。

水にさらしてアクを取る場合は、完全に取ってしまうのではなく、ほどよく残すことが大事。全部なくなるほどさらしたら、味までなくなる。

とはいっても、ほうれん草や小松菜《こまつな》や春菊、ゴボウやれんこん、ふきなど、現代の野菜はアクが少なくなった。しかしそれでも、やはりアクは取ったほうがよい場合が多い。

ことにほうれん草はシュウ酸があるので、昔ながらに水できちんとさらしてアクを取るほうがよい。味もそのほうがよくなる。

67 アクを取る②

野菜や肉や魚介などを煮ていると、表面に汚れた泡みたいなものがプクプク出てくる。それを上手にすくい取ることをいう。

なぜアクを取る必要があるのかというと、アクを取らないと味がアカ抜けない。汁《しる》が濁《にご》る。仕上がりがいまひとつきれいではないからである。

特に魚介の清汁《すましじる》（吸いもののこと）やコンソメブイヨンなどは、アク取りが命！

おいしい煮汁やスープを取りすぎてしまわぬように、キメ細かいネット状の、金魚すくいのようなアク取りお玉も売っている。

68 和《あ》える

↓ぬた191　洗いごま、煎りごま、擂りごま244

和えるというのは、混ぜるということである。しかし、「和」という字を使っているようにそこには味に和《なご》みがなければいけない。ただ混ぜればいいというものではない。合わせた調味料と素材は、調和が大切なのである。

「和える」という場合は、ほうれん草のごま和え、人参《にんじん》の白和《しらあ》え、わけぎのぬたというように、計算された配合の和《あ》え衣《ごろも》や調味料をすり鉢《ばち》とかボウルに用意し、その衣に対して適切な量の材料を入れて混ぜ合わせること。その料理を「和えもの」という。食べる直前に和えたほうが水分が出なくておいしい。これ大事。

69 足が早い

足が早いとは、
くさりやすいこと。いたみやすいこと。
かといって、日持《ひも》ち（日保《ひも》ち）がするものを
「足が遅い」とはいわない。
なぜ、そういうのかは知らない……。

たとえば「くさりやすいから早く食べましょう」といわれるより、「足が早いから食べましょう」といわれるほうが美しい会話であり、おいしそうではないか。

ところが、もうすでにくさったものに関しては「くさったわ」といい放つことはあっても、「足が早かったわ」とはいわない。これ不思議。

70 隠《かく》し味

↓ぬた191　火を入れる76

隠し味とは、
それを使うことによって、
あきらかに、素材の旨《うま》みを引き出し
ぐっとおいしくするもの。

麻婆《マーボー》豆腐の火を止めてからタラリと落とす数滴のごま油。つくねに入れるしょうが汁《じる》、ぬたの衣《ころも》の中の溶き辛子《がらし》、湯豆腐のタレの中に少し入れる砂糖などがそうである。

隠れているくらいだから、存在を強烈にアピールするほどは入れないのが基本だが、入れ忘れると、ひと味足りなかったり、間の抜けた味だったりして、その存在の大きさに気づく。それが隠し味である。

湯豆腐のタレ　しょうゆ½カップ、酒大サジ1、砂糖小サジ½を混ぜて火を入れる。そこにカツオ節《ぶし》をもんで加える。砂糖が入るところがミソ。ごくごく少しトロッとする。冷蔵庫で2〜3カ月持つ。

71 スが入る

↓竹串210

「スが入る」には2つの意味がある。

①豆腐や厚揚げを煮すぎたり、茶碗蒸し《ちゃわんむ》しを強火にかけたりしたときにブツブツと穴があいたようになることをいう。

②生の大根やゴボウで、切っても切っても、中がスカスカした部分があるときもいう。

つまり、どちらにしても、味は悪い。

茶碗蒸しはことにむずかしい。あんまり弱火でも蒸し方が足りなくなるし、ちょっと火が強くなっただけでスが入ったりする。

意外とうまくいくのが湯せんの方法。蒸し茶碗の⅓くらいの高さの沸騰した湯の中に入れて中火にかける。フツフツしてきたらふたをして、弱火で15分ほど。竹串《たけぐし》を刺して濁《にご》った汁《しる》が出てこなければ出来上がり。蒸すより3〜4分早くできる。

72 こそげる

こそげるには、2つの意味がある。
①鍋底《なべぞこ》についたものをへらでこするように取ること。
②ゴボウなどの皮を包丁でむいてしまうのではなく、
包丁の背（峰《みね》）で表面をこすって不要な部分のみをむくこと。

①ホワイトシチューやカレー、ホワイトソースなどの小麦粉を使ったトロミのあるものを煮込んでいくと、どうしても鍋底にうっすらくっつきはじめる。これをほったらかしておくと必ず焦げてその料理は台無し。だからそうなる前に木べらでこする。これをこそげるという。
②ゴボウは外側の皮がおいしい。皮をふつうにむいてしまうと、もともと細いから食べるところがほとんどなくなってしまう。包丁の背を当ててこすると、表面のボコボコしたところだけがむけてくる。これを料理の本では〝ゴボウは包丁の背で皮をこそげる〟というが、最近のゴボウは、たわしでゴシゴシこするぐらいのほうが香りがあってうまい。

73 調味料を回しかける

たとえば、しょうゆを回しかけるというように、なるべく早く、味を全体に行きわたらせるためにする。回しかけたあと、たいてい「混ぜる」というプロセスが入ってくることが多い。

たとえばおひたしを食べるとき。最後にしょうゆ味をつけるが、このときも1カ所にまとめてかけてしまったら、味がムラになり、まんべんなく混ぜるのにとても時間がかかる。よって、調味料を回しかけるというのは、仕上がり味を左右する大切な作業である。

74 ひと混ぜする

↓炊き込みご飯 117

同じ混ぜることでも、しつこく、いつまでも混ぜるのではなく、あくまでもさっと、底から混ぜること。


たとえば、炊き込みご飯のとき。洗った米に分量の水と調味料を加えたらひと混ぜする。

ドレッシングを作るとき。全部の調味料を入れてよく混ぜて、油は最後に入れてひと混ぜするだけ。

煮もののとき。途中で上下を返して味が均一につくようにひと混ぜする。

つまり、混ぜすぎるとおいしく仕上がらないときにいう。

ただし、絶対1回しか混ぜないというほど厳密な意味ではない。

75 味を調《ととの》える

**料理の仕上がりの味をみて、
もし、何かが足りないと感じたら、
たとえば塩や砂糖やしょうゆを足して、
おいしいと感じる味に仕上げることを
「味を調える」という。**

自分がおいしいと思うことが一番大切なこと。

料理の本やテレビのレシピの分量はあくまでも目安であるから、必ず仕上げは自分の舌で判断すること。

もし、味をみているうちによくわからなくなったときは、いったんやめて、第三者にみてもらうか、そこでストップするほうがいい。どんな名人でも、何回もみていると正確さを欠く。

はじめての料理は、本の通りに作り、味を確かめることも大事。

76 蒸《む》す

**蒸すというのは、
蒸気で熱を通す偉大な調理法。
日本の家庭では蒸し器、
中国では蒸籠《チョンロン》を使う。**

蒸し器のない家庭が増えたとは聞くが、蒸し器がないと出来ない料理も多い。

シューマイ、肉まん、おこわ、ふかしいも、蒸しパンなど。

豚の角煮を作るときの三枚肉（豚バラ肉）は、気長に蒸すと脂《あぶら》が下に落ちてあっさりと仕上がる。

肉ちまきなども蒸し直したほうが断然うまい。

近ごろは、蒸すべきものを電子レンジで温めて食べるケースも多いようだが、冷めるとひどい味になる。

77 卵の白身《しろみ》を固く泡立てる

固く泡立てるの「固く」というのは、泡立て器を持ち上げても泡立てた白身が落ちなくなった状態のことをいう。

また、「角《つの》ができるまで」という表現もするが、たとえ一日やっても、角ははえてこない。固く泡立てるといってもカチンコチンに固くなるわけではない。

透明でドロリとした白身の状態から真っ白のフワフワになり、量も4～5倍くらいに増えて、青空に浮かぶ雲のような感じ。

ほとんどは料理よりもお菓子に使う。

白身の泡立てなしにスポンジケーキやシフォンケーキ、スフレは焼けない。

3

おいしく食べるためのちょっとしたコツ39

78 少ない量の米の研《と》ぎ方

米についているわずかなぬかを、シャッシャッと米粒同士をこすり合わせて水で洗い流すことを研ぐという。4カップくらいの米でないと、実は研ぎにくい。2カップくらいの量のときは、キュッキュッと米をつかむように洗うのがコツ。

よく研いだお米は炊き上がりがピカッとしておいしいが、研ぎ方が足りないと、ぬか臭くておいしくない。

洗うときは最初の水はサラッと混ぜるだけですぐ捨てる。それからキュッキュッとつかむようにして研ぎ、水を加えてさっと混ぜて流す。全部で水は3回くらいかえる。

近ごろ発明された機械によって無洗米《むせんまい》なる便利なものが登場している。これは研がないほうがおいしく炊ける。研ぐのがヘタな人や血圧の高い人、マニキュア命みたいな人にもこちらをすすめたい。

79 米をおいしく炊くコツは、水につけておくこと

米は、研いですぐ炊くよりも、
せめて10分、
できれば30分くらい水につけておいてから
炊くほうがうまい。

料理用語に「浸水時間」があるが、この、水につけておく時間のことである。

つけすぎはよくない。ことに夏場はつけすぎると水がいたみやすい。ヘンな臭《にお》いがしてまずくなるので、水につけておくより、ザルにあげておくほうが水が濁《にご》りにくくてよい。

もし浸水時間がないときは、みりんか酒を炊く前に少々加えると艶《つや》、味がかなりマシになる。

米2カップに対し、みりん小サジ1。酒なら大サジ1程度。

なお、近ごろのハイテク炊飯器には、ある程度の浸水時間の含まれているものが多い。

80 炊き込みご飯の基本の味つけ

↓アクを取る① 101

味つけの基本は米1カップにつき塩なら小サジ½。
塩小サジ½というのは、
薄口《うすくち》しょうゆ小サジ2とほぼ同じ塩分で、
ふつうのしょうゆ大サジ1もほぼ同じ塩加減。
米1カップ（1合）に対し、酒は大サジ½くらい。
調味料を入れて味をつけたら、すぐ炊き始めること。

炊き込みご飯とは、具を米と一緒に炊き込んだ味のついたご飯のこと。味つけに失敗すると取り返しがつかないので、計量スプーンで正確に計量すべし。

さつまいもご飯、栗ご飯、グリンピースご飯のように塩味だけで仕上げたいときは、米2カップで塩小サジ1と酒大サジ1。

いずれも最初から米と一緒に炊き込む。ただし近ごろの炊飯器は、具と米を混ぜ込んでスイッチするとうまくいかない。必ず具は米の上にのせてスイッチオン。

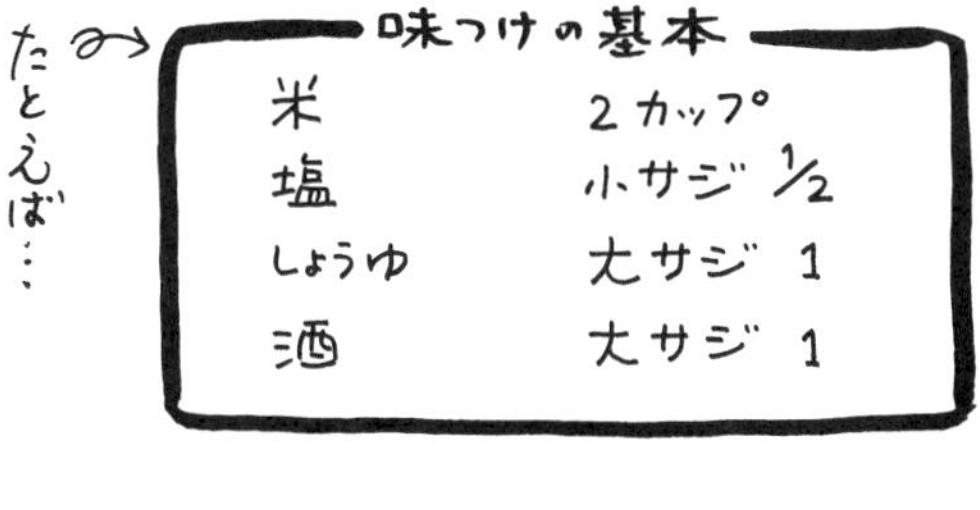

81 チャーハンを香《こう》ばしく作るコツ

チャーハンは炒飯と書き、焼《や》き飯《めし》ともいう。炒《いた》めるだけでなく、ご飯を焼きつける。これがチャーハンをパラリと香ばしく仕上げるコツ。仕上げはカツ代特製「ネギじょうゆ」で。

火はずっと強火なので、鍋《なべ》は鉄のフライパンや中華鍋がよい。あまりたくさんの量だと炒めにくいから、2人分ずつやるとよい。中国料理店はたいてい豚の脂《ラード》を使うのでコクが出てパラッと仕上がる。家庭ではサラダ油、ごま油でもいいし、また揚げものなどで一度使った油もおいしい。2人分で油は大サジ1強。けちるとうまくいかない。「ネギじょうゆ」の作り方は、しょうゆ大サジ1に長ネギ少々を刻んで漬ける。チャーハンを作るとき、真っ先に用意する。

卵チャーハン 卵は炒めていったん取り出す。香ばしくご飯を炒め、ネギじょうゆと塩こしょうで味を調《ととの》え、卵を戻して混ぜ合わせる。

長ネギ
5cm分ぐらいを
小口切りにして、
しょうゆ大サジ1に
漬けておくと、
「ねぎじょうゆ」ができる。

82 知っておくと役に立つ おかゆの炊き方

↓雑炊 242

米1カップに対して水5カップの「全がゆ」が基本。

ふきこぼれやすいので、大きめの厚手の鍋《なべ》で30〜40分、米からコトコト炊くだけ。


おかゆは、雑炊《ぞうすい》と違って米から炊く。

塩味だけのシンプルなおかゆは、病気のとき、胃が疲れているときなど、心まで癒《いや》されるような気がする。

塩は必ず炊き上がってから最後に加える。

三分《さんぶ》がゆの上澄《うわず》みのことを「重湯《おもゆ》」という。

日本の四大おかゆ

全がゆ	米1カップに水5カップ
七分がゆ	米1カップに水7カップ
五分がゆ	米1カップに水10カップ
三分がゆ	米1カップに水20カップ

83 おいしい大根おろしを作るには

大根おろしは、
食べる直前におろすほうが断然うまい。
一番向いているのは、大根の真ん中あたり。
しっぽに近くなるほど辛《から》い。

大根おろし器の使いにくいものはおろすのがいやになるが、使いやすいのだと気軽におろすようになるから不思議。

大根をおろすときは、背すじをピッと伸ばし、へそにグッと力を入れ、まじめに取り組むとおろしやすいし、疲れない。力のある人に頼むと、とても早いが、粗《あら》い大根おろしになることがある。また、皮のままおろす人もいるが別にかまわない。

焼き魚には絶対欠かせません。

84 肉じゃがの飛び切りおいしい作り方

↓ヒタヒタの水82

おいしい肉じゃがのコツ。
だれでも次の3つのポイントをつかめば、こっくり煮上がった、心躍《おど》るようなものが出来る。この作り方は小林家伝来のものです。

ポイント①　最初に玉ネギを炒《いた》め、肉を置く。肉めがけてみりん、砂糖、しょうゆを加えてしっかり甘辛《あまから》味をつける。
ポイント②　大きめの一口大《ひとくちだい》に切ったじゃがいもを①に投入し、ヒタヒタに水を加える。
ポイント③　ふたをして強火に近い中火で約10分、ガーッと煮る。
材料（2人分）は、玉ネギ½個、牛薄切り肉150g、じゃがいも300gくらい、砂糖小サジ2、みりん大サジ1、しょうゆ大サジ1・5。

85 新じゃがの飛び切りおいしい食べ方

たわしでゴシゴシこすり洗いをすると、皮はほとんどむける。
新じゃがは小《こ》ぶりで形はかわいいが、味は今ひとつ旨《うま》みにかけ、水っぽくアクもある。油とは相性がバツグンにいい。

たとえば油で揚げてから煮込んだり、炒《いた》めてから煮たり、ゆでてからチーズをのせてオーブンで焼いたり、旨みを出すためのひと工夫をするとグーンとおいしくなる。旬《しゅん》は3月から4月。
よく洗って、皮つきのまま調理することがほとんど。

新じゃがの煮からめ 新じゃがは皮つきのまま、大きければ2つに切り、油でしっかり揚げる。揚げ油は何度か使ったものでよい。それを鍋《なべ》に入れ、砂糖としょうゆでワーッと煮からめる。弁当のおかずにもよい。

86 照り焼きは焦げやすいので「焼き照り」にする

フライパンで魚や肉をこんがり焼いたあと「しょうゆとみりん同量」の調味料につけ、残った調味料を火にかけて少し煮詰めてトロッとさせて上にかける。これがカツ代流「焼き照り」。

「照り焼き」というのは、少々甘めのしょうゆベースの調味料につけた魚や肉を、途中ハケで数回タレを塗りながらピカッと焼き上げる方法。

しかし、家庭の台所でこれをすると煙モウモウ、コンロは汚れがひどく、あとがたいへんなうえに焦がさないように焼くのはむずかしい。

「焼き照り」という反対の方法は、なかなかかしこい。

アメリカでは20年くらい前から英語化していて、〝TERIYAKI〟はレストランにも登場し、なぜかものすごく甘い。

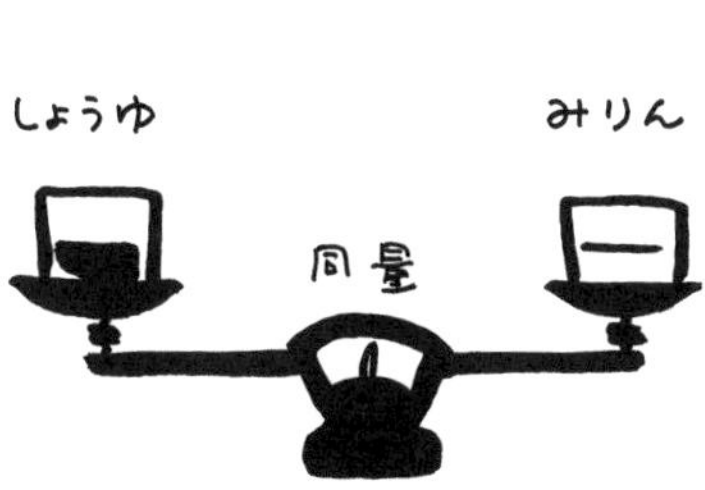

87 炒《いた》めもの最大のコツ、鍋返《なべがえ》し

中国料理のコックさんが中華鍋をエイッと振り上げ、中の炒めものが宙を舞い、炎がバァッ。あれが鍋返しである。

炒めもの最大のコツとは、油を使って短時間で野菜に火を通すこと。そのためには強火で、材料を空気に触れさせながら、素早く水分を蒸発させる。とにかく、ワッワッワッと大きく炒める。これが鍋返しの意図するところである。

ところが女性、あるいは腕力のない男性には鍋が重くてむずかしい。できていた人も、年齢とともに無理になる。そこで、おいしく炒める方法を発見。

火は強火。炒めるものが鍋肌に触れるように、広げる。2本の木べらをしっかり持ち、次に屋台の焼きそば屋さんのように鍋底からホッツホッと大きく持ち上げるようにして底から底から炒める。決してチマチマいじらない。威勢よく大胆にやってほしい。

88　飛び切りおいしい煮魚のコツ

↓落としぶた100

うまい煮魚を作る5大要素は、①煮立つ煮汁《にじる》、②強めの火、③広口鍋《ひろくちなべ》、④短時間仕上げ、⑤日本酒。

魚は水けを拭《ふ》き、魚を重ねないで煮ることのできる広口の鍋を用意する。

鍋に調味料（日本酒、砂糖またはみりん、しょうゆ）と少なめの水を入れる。少なくても、ワーッと煮立ってきてはじめて煮汁が魚にほどよくかぶるくらいがベスト。

煮汁がフツフツしているところに、魚を次々と並べ、一度に4切れドサッ、なんていうのは、急激に温度が下がるのでいけない。

煮魚は基本的には裏返さず、盛りつけるほうを上にして、途中、煮汁を回しかける。落としぶたをすると早く美しく仕上がる。

煮魚はスピード料理の王様。切り身ならせいぜい10分、骨つきで15分程度で仕上がる簡単料理。コツを知って気軽に作ってほしい。

89 ゆで卵は水につけると味がおちる

ゆで卵は、ゆでたあと水につけず、自然に冷ましてむくと実においしい。

水につけてはいけない、ということではない。これは、あったかいゆで卵を食べたときに発見したこと。ただし少々むきにくいときがある。ゆで卵はどうやってもできるが、ゆでたらすぐ水にとるというのが常識になっている。しかし、味がおちるということはいわれていない。
途中でカラが割れたりしないようにするには、卵の1カ所（太ってるほう）にピンで小さい穴をあけてゆでるといい。

ふつうの半熟 卵にようやくかぶるくらいの水を加え、ふたをして中火にかける。グラグラきたら火を止め、ふたをしたまま5分おいてから取り出す。

固ゆでは右に同じゆで方で、そのまま自然に「冷めるまで」おく。

90 目玉焼きは弱火で焼くと失敗がない

ほとんどの卵料理は、中火から強火で作るほうがおいしいが、「目玉焼き」だけは、最初から最後まで弱火で焼くほうが失敗しない。

「目玉焼き」という料理を知らない人はいないであろう。しかし簡単な料理ほど、おいしい・まずいがはっきり出るものである。

ちなみに私は半熟が好き。黄身《きみ》の中まで熱々、箸《はし》を入れると少しだけトロリと出てくる。まわりの白身《しろみ》はしっとりだけど、香ばしく焼けているのが好き。もっと焼きたい派は卵を入れたあと、湯を大サジ1弱くらい入れて蒸し焼きにする。

ただし、黄身の上に白い膜（白身のこと）が張るのがイヤな人は、ふたをしないで気長に焼く。黄身色がきれいに仕上がる。

目玉焼き　フライパンを温めたら、好みの油（サラダ油、バターなど）を適量回し入れ、卵を静かに割り入れる。すぐに塩をパラパラとふり、ふたをする。あとは好みの黄身の固さまで焼く。

91 白菜の軸は切り方にコツがある

↓繊維を切る27　繊維にそって切る26
そぎ切り39

白菜は、
葉の部分と軸の部分は切り方が違う。
葉は繊維《せんい》を断《た》ち切るように大きく切り、
軸は繊維にそって細切りにする。

軸はこの切り方がシャキシャキしておいしい。日本の料理界では、それまで軸はそぎ切りといって、包丁をねかせて切ることがベストといわれてきた。

けれどもその通りやってみると、繊維を断ち切った面が多いので水分が出てクタクタになり、味もおちる。

白菜の軸はだれがなんといおうとタテに繊維にそって切るべし。こうして熱を加えると、軸も葉も一体となり、まったく気にならない。

白菜と油揚げの煮もの　刻んだ白菜4枚、食べよく切った油揚げ½枚、水¾カップ、しょうゆ・酒各小サジ2をすべて一緒に強めの中火にかける。ふたをして10分煮る。おかかをひとつかみ加え、出来上がり。

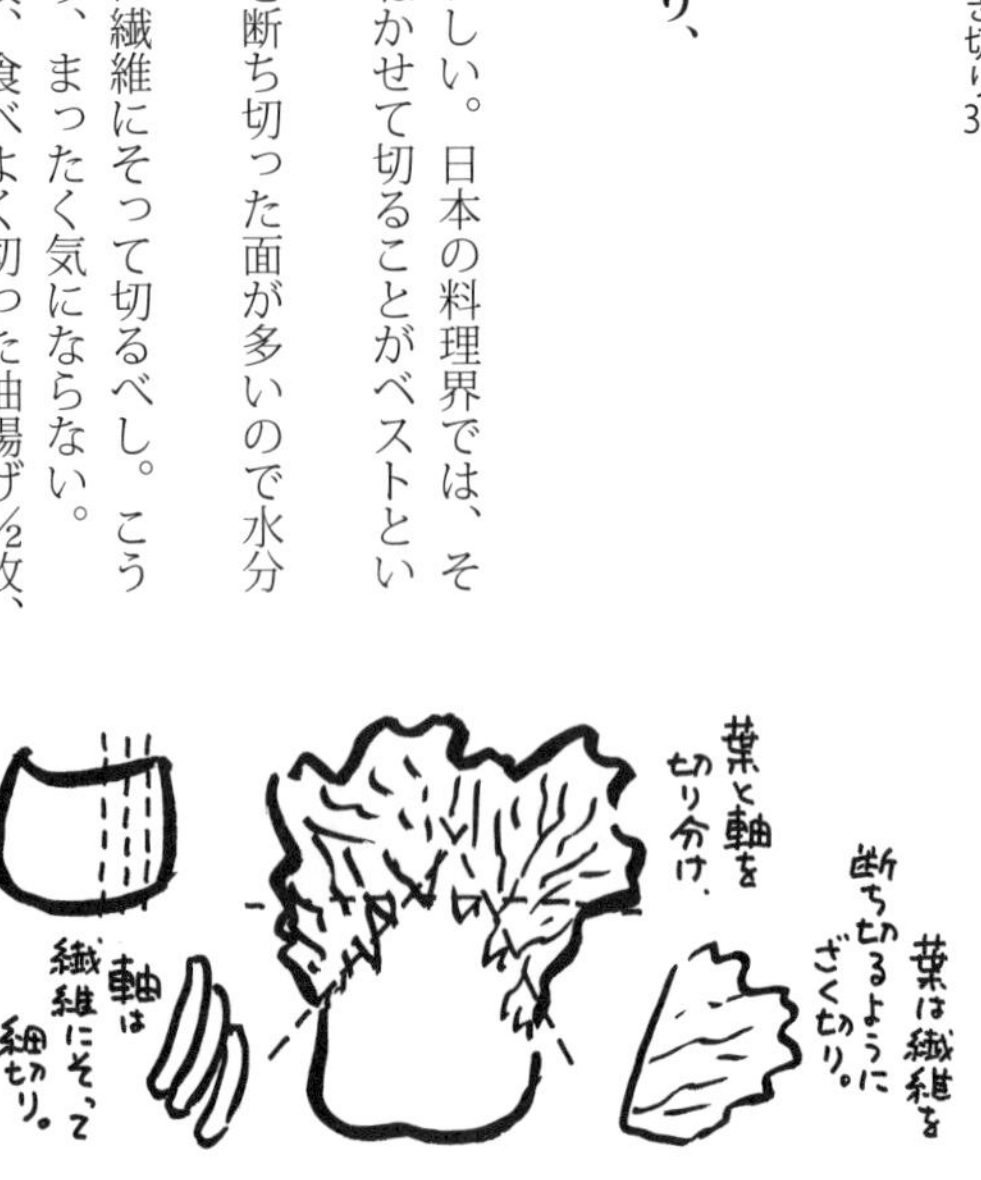

92 里いもはさっとゆでてから皮をむく

里いもはよく洗い、皮つきのまま、かぶるほどの水でさっとゆでる。煮立って1～2分。いもの皮だけに火が通る。里いもは冷ますか水にとって皮をむく。

本来は、買ってきた里いもは、水洗いをして日陰に干して乾かしておき、使うときに皮をむくだけでいいようにしておく。

しかし、それができない場合は、ここに書いたこの方法が一番よい。この方法だと手もかゆくならないし、何よりもむくときにラク。煮るとき、ぶくぶくアワも出ない。あとはいつものように料理すればよい。

ビニール袋に入れたままにしておくとカビっぽくなるので、乾かす。これ、とても大事。

つぶし里いも 皮つきのままやわらかくゆで、皮をむき、よくつぶす。器に盛りつけ、柚子《ゆず》の皮を少しすりおろして散らし、しょうゆ少々かけるだけ。実によい味。

93 手がかゆくならない とろろの作り方

↓「とろろ」とは201　火を入れる76

湯をわかし、いもにフォークを刺して、熱湯に5〜6秒通す。すぐ水につける。それから皮をむく。皮は手に持つ部分だけ残してむくと、すりおろしやすい。

こうすると皮をむくときにかゆくならず、変色せず、味も変わらずいいことずくめ。口のまわりのカユカユもかなり防げる。かゆみ成分のアクが皮と実の間で強いのかも。火が入るときっとその効力を失うのだと思ってやりはじめた。大成功である。

ところが、長いもの産地青森でのこと。農家のおじちゃんはいった。皮は洗うだけでむかないヨ。それからというもの、長いもは皮をむかずにすりおろすことにした。どうぞお好きなほうで。

大和《やまと》いも、ほんとの自然薯《じねんじょ》、無農薬・無漂白のものも、皮のままおろすと野趣《やしゅ》のある味わい。

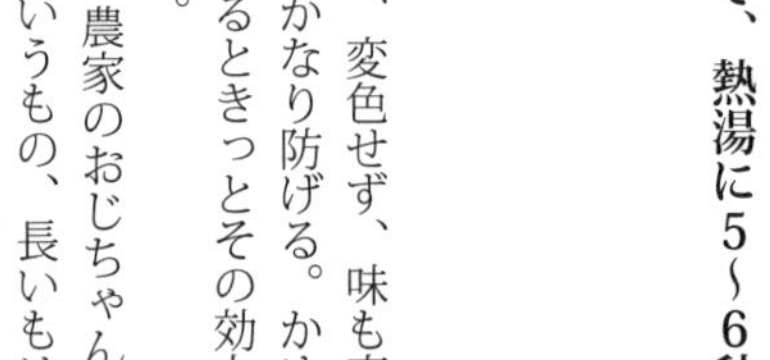

94 切り身の魚を買ってきたら

↓焼き照り123　ムニエルの焼き方146

切り身の魚は、原則として洗わない。ただしパック詰めの切り身魚の場合、売られている間に汁《しる》がたまって濁《にご》っていたりするが、そのときはササッと水洗いして、すぐ水けを拭《ふ》く。

切り身の魚とは、大きめの魚を、1人分としてちょうどいい厚さに切ってあるもの。最近は魚の頭がついた1匹のままより、すぐ料理できる切り身のほうが人気がある。

使う前に、ペーパータオルなどで必ず水分をおさえてから、煮たり焼いたりするほうが味がよい。これ大事。

カジキマグロのステーキ　魚に塩こしょう少々ふり、油で両面焼き、皿にとる。ペーパータオルでひと拭きし、余熱が残っているうちに、バター少々、にんにくすりおろし・酒・しょうゆを各適量加え、魚にかける。

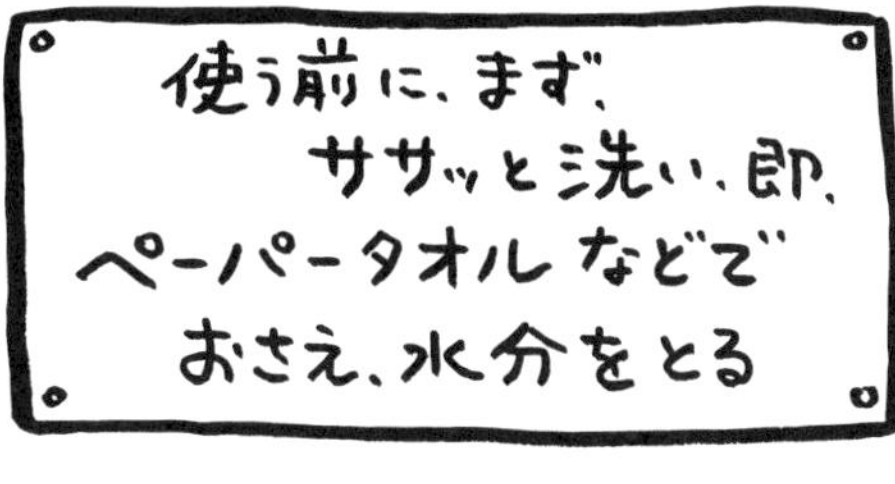
使う前に、まず、
ササッと洗い、即、
ペーパータオルなどで
おさえ、水分をとる

95 みそ漬け・かす漬けの魚を買ってきたら

魚の身についているみそやかすは、洗わずに、指で落とすくらいがよい。

しかし網で焼くと、たいていは焦がしてしまう。それを防ぐには、アルミ箔《はく》に包んで焼くほうが失敗をしない。あらかた火が通ってからアルミ箔を開けてやや焼き色をつける。これが上手に焼くコツ。コンロについているような水を張って使うグリルやロースターを使えばうまくいくが、用心にこしたことはないので、注意して焼く。みそ漬け、かす漬けは買ってきたら長く置かない。これ大事。でないと漬かりすぎる。いただきものはことに要注意。漬かりすぎより漬かり足りないほうがましである。

漬け込んだ魚はお弁当のおかずに最適。

96 干《ひ》ものを買ってきたら

魚の干ものは買ってきたら
2～3日以内に食べること。
すぐ食べないときは
冷凍庫に入れたほうがよい。

干ものは本来、日持《ひも》ちのいいように開いた魚を太陽にあてて干《ほ》したもの(天日干《てんぴぼ》し)だが、近ごろは低塩のものが多く、本当にお日さまに干しているかわからないので、日持ちがいいなんてあまりないと思ったほうがいい。

最近は両面焼きのロースターもあって便利だが、つい忘れて焦がすことも多いのでタイマーをかけたほうがよい。はじめ5分かけて鳴ったら様子を見る。

焼き立てに酢をじゅっとかけると味がまろやかになって、この食べ方もうまい。

97 シジミを買ってきたら

↓ヒタヒタの水82　アクを取る②102

買ってきたシジミは、ザッと洗ってから塩を使ってシャリシャリとかき回すように洗う。表面の汚れをよく取り、何度か水をかえ、ヒタヒタの真水《まみず》に30分以上つけてしつこく泥をはかせ、使う前にもう一度よく洗う。

シジミは海ではなく、川や湖でとれる。貝を洗うとき手を抜くと、仕上がりが泥臭くなる。塩水に対して、塩分などを含まず味のない水を「真水」という。昔は「シジミは真水でアサリは塩水」が標語のようにいわれていたが、海水が入りこむ川でとれたシジミは塩水で泥をはかせる。だから産地が重要だが、あまり神経質にならない。買うとき、どっちで泥をはかせるのがいいか魚屋さんに聞くとよい。

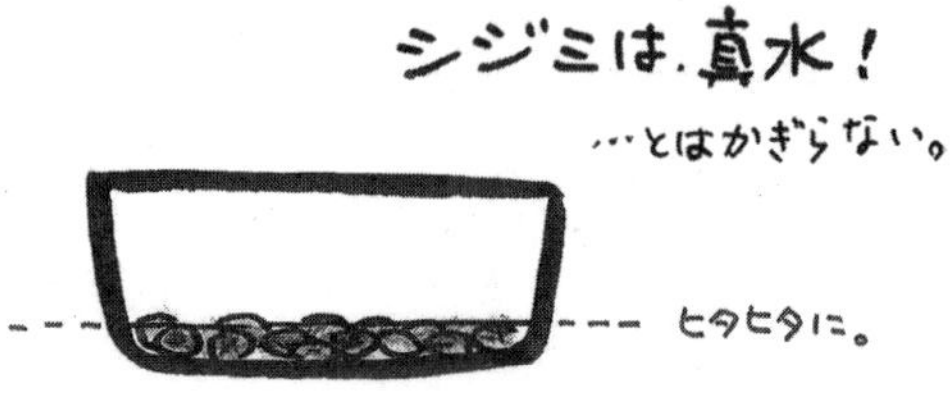

98 アサリを買ってきたら

↓アクを取る②102

買ってきたアサリは、ザッと洗ってから、両手で洗濯するように、大きくこすり合わせる。水を何度かかえて、またシャリシャリと洗い、ヌルヌルがとれたら、海水よりやや薄い塩水に30分以上つけておき、使う前にもう一度洗う。


アサリは海でとれる。

何より大事なのは、砂がよく抜けているアサリに出合ったら、買った店を覚えておくこと。それにまさる砂抜き方法なし。

アサリもシジミも水から入れて、煮立ってからアクを取る。

もし潮干《しおひ》狩《が》りに行ったら、必ず海水をビンに汲《く》んでくること。潮干狩りのアサリはことに砂がすごく、家庭ではほんとの海水でしか砂をはかせることができない。

アサリもシジミもだしが要《い》らない。旬《しゅん》は春から夏にかけて。

貝類のみそ汁《しる》、吸いもの、いずれもほんの少しのこしょうが合う。

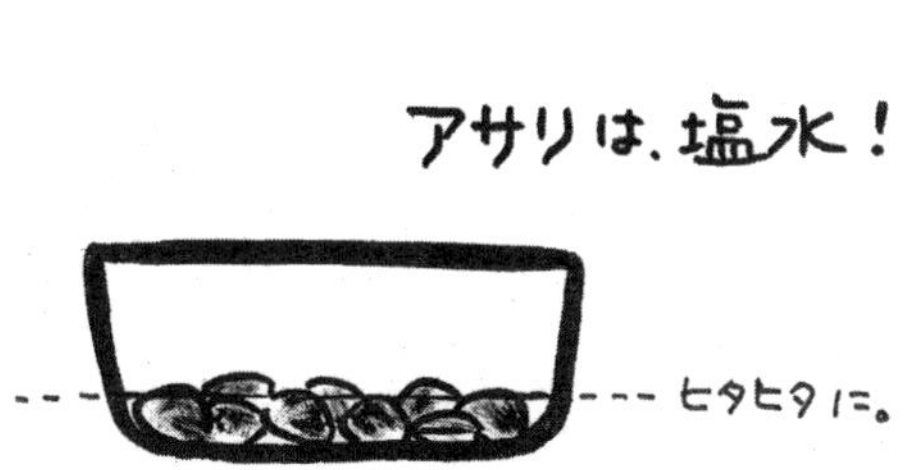

99 カキを買ってきたら

カキは洗い方で味がまるで違う。

大根おろしで洗うといわれるが、そのために作るのも面倒。

カキからおろしを取り去るのもたいへん。

そこで大根のしっぽの登場となる。


大根のしっぽは、タテに格子《こうし》に切り目を入れる。〝ささら〟なるものをご存じの方はそれを想像してほしい。

カキをボウルに入れる。この大根ささらでそっと静かに混ぜ混ぜする。黒っぽい汁《しる》が出てくる。

大きいボウルにたっぷりの水を入れ、ここに移してやさしく洗う。2～3回、水をかえて洗う。水がきれいになったら、おしまい。

あとは水けを拭《ふ》いて、カキフライにでも土手鍋《どてなべ》でも。大根のしっぽはもったいないので水洗いし、刻んでみそ汁《しる》にするとおいしく食べられる。

ささら

100 なめこを買ってきたら

なめこは、買ったら早めに使うこと。体によいというあのヌルヌルが、くさりやすいから。使う前、ザルに入れ、水を張ったボウルでシャボッと大急ぎで洗うだけでよい。ヌルヌルもおいしさの一部。完全に取ろうとして、疲れ果てた人がいる。

なめこをみそ汁《しる》に入れるときは、豆腐と同じに考えてよい。つまり、フツフツしただしの中にみそを溶き、すぐ入れる。もし、豆腐となめこと三つ葉のみそ汁を作るとする。入れる順序は、豆腐・なめこ・三つ葉の順で手早くすること。火が通りやすいから、もう一度フツフツしてきたらすぐに火を止めて、出来上がり。

101 かぶを買ってきたら

かぶは捨てるところがほとんどない。
実《み》が主役の野菜だが、葉のほうが立派なときがある。
葉はどちらかというと、伏兵《ふくへい》。
ひとつの料理に一緒に使うより、
かぶの実と、かぶの葉は別々に考えたほうがよい。

かぶの実の皮をむくかむかないかは料理による。歯ざわりを楽しむあちゃら漬けや長時間煮込むポトフは皮をむかない。すぐに仕上げるみそ汁《しる》やサラダ、煮ものはむいたほうが皮が邪魔でない。

かぶの葉は煮浸《にびた》し、直火炒《じかいた》め、即席漬け、佃煮《つくだに》など料理の種類は広い。

それから買ってきたらすぐ葉とかぶは切り分けておくこと。葉も黄色くなりにくいし、かぶも水分が失われにくく、よい状態で保存できる。

かぶの葉の佃煮 葉は熱湯でさっとゆで、ザルに広げ、冷めたら刻む。ごま油で強火でじゃこと炒め、みりん、しょうゆでパラリと仕上げる。

102 松茸《まつたけ》が手に入ったら

↓きのこ224　そぎ切り39

なるべくなら、水を使わず汚れを落としたいが、土がついているとそうもいかない。そこで固く絞《しぼ》った布巾《ふきん》で松茸に傷をつけないようにやさしく拭《ふ》く。

それでもカサのところに土がついていてなかなか取れないときは、水洗いしたほうがスッキリ取れる。

石づきの根のほう（ふつうきのこ類では根とはいわないが、わかりやすいので）の汚れが落ちにくいところは、エンピツを削《けず》るようにまわりを薄くそぎ切りにする。

松茸ご飯　松茸を最初から米と一緒に炊き込むほうが断然おいしい。ほかのきのこ類は水だけで炊いてもおいしいが、松茸はだしで炊く。松茸は大きさにもよるが、米2カップに対して小2〜3本くらい。調味料の割合は、米2カップ（2合）でだし1・5カップ（300cc）、酒大サジ2、薄口《うすくち》しょうゆ大サジ1、塩小サジ½弱。

103 玉ネギはさらすべきか

↓水にさらす80

玉ネギをサラダなどで生《なま》で使いたい場合、辛《から》いときは水にさらす。

火を通すときには、決してさらさない。


さらす時間は5～10分でほどよい辛みになっていることもあるが、30分くらいさらさないと〝ビィーッ〟なんてこともある。

ただし、マリネやピクルス、南蛮《なんばん》漬けなどは調味料と合体、そして時間経過で「辛みが旨《うま》み」に変わるので、そこは見極めが重要。

まだ辛いときは、切ってから3秒、さっと熱湯に通して氷水で2～3分さらすと辛みがとれる。ただし、生には近いが、だいぶ違う味わいではある。どうやっても辛すぎるときもあるので、しかたない。

大きいボウルでやる。
さらしている時の玉ネギは、やけにアカ抜けて美しい。

104 玉ネギは保存方法に気をつける

玉ネギは、
涼しくて暗いところに置いて保存する。
ただし、皮をむいてしまったものは、
野菜袋などに入れ、冷蔵庫の野菜室で保存すること。

玉ネギは明るいところに置いておくと、どんどん芽が出て伸びてしまう。芽が出てしまうと、実《み》の栄養分がとられて伸びているから、まずくなる。

新玉ネギの旬《しゅん》は5月。皮がまだ白っぽくサラダなど生《なま》で食べるには最適である。水分が多いので冷蔵庫で保存する。ただし煮込みにはヒネ玉ネギのほうがうまい。

「ヒネ」とは、つまり皮は茶色で、乾いている感じのものである。

105 さつまいもの変色を防ぐには

↓水にさらす80　アクを取る①101

さつまいもはどんな場合も、切ったものはすぐ、塩を加えたたっぷりの水にさらす。でないと、アクが出て変色する。

天ぷらだったら、水にさらして3分ほどしてすぐ拭《ふ》いて、すぐ油で揚げていい。

天ぷらのときは皮つきのままでいいが、きんとんのときは、もったいなくても皮は厚くむく。味が違うし、見た目も断然きれい。

さつまいものオレンジ煮　さつまいもの皮をむいて2㎝くらいの輪切りにし、塩水に10分つける。水けをきり、オレンジジュースと砂糖で煮る。とてもきれいな色に仕上がる。

106 もし味が濃すぎたら

みそ汁《しる》、吸いもの、煮ものなどの味が濃すぎるとき
あわてて水を足してはいけない。
わざわざわかしてでも、熱い湯を足すほうがよい。
一番いいのは、わかしただしを加えること。

なぜ熱い湯を足すかというと、水を足すと温度が下がって、煮返すことになり、味がおちる。

しょうゆが濃すぎるのは、なんとか取り返しがつくことも多いが、塩が効《き》きすぎた場合と、甘すぎるのは残念ながら取り返しはむずかしい。

ついでに要注意。グラタン、クリームシチューなどなど、牛乳を使う料理は塩がよく効く。これこそ入れすぎると、薄めても不思議なほどうまくいかない。

だから、塩を加えるときはいつも慎重に。

107 煮ものが焦げついたら

↓こそげる107

煮ものなどが焦げついたときは、すぐ火を止める。
別の鍋《なべ》の中を濡らして、
できるだけ、焦げた部分が入らないようにしてそっと移し、
温めただし、または湯を足して煮る。

決してあわてて鍋底をこそげてはいけない。

焦げついた鍋で、中身の入ったままあわててこそげると、全部、焦げた味になってしまう。

焦げたところはもったいなくても、思い切って見捨てるのが一番の対処法。これ、大事。

108 茄子《なす》は油をとても吸う

→海水くらいの塩水83
切り落とす93　旬とは219

茄子と油はとても相性がいい。ことに炒《いた》めるときはすぐ油が足りなくなる。切ったらすぐ海水くらいの塩水につける。

以前は何をするにも茄子を塩水につけたが、近ごろは茄子のアクが少なくなり、天ぷらにするときは、切ったらとっとと衣《ころも》をつける。私はあまりにも茄子好きなので、旬《しゅん》の夏から初秋以外の季節は茄子に敬意をはらって食べない。

新鮮な茄子のヘタにはトゲがある。調理するときは、茄子の実《み》のほうを持ち、手がふれないように包丁の先で切り落とす。

茄子のみそ炒め　1㎝厚さの斜め切りの茄子3～4本をごま油大サジ1で炒める。シナッとしたら、合わせ調味料（みそ・みりん・酒・しょうゆ各小サジ1）を加えて一気に炒める。

109 ムニエルを香《こう》ばしく焼くコツ

↓塩こしょう92
粉をはたく98

ムニエルをパリッと香ばしく焼き上げるコツは、焼く寸前に小麦粉をつけること、これに尽きる。火加減は中火。

ムニエルとは、魚に塩こしょうをふりかけてから、小麦粉を両面に薄くつけて、バターやサラダ油で、両面焼いたもの。近ごろあまり家庭でしなくなったが、魚のとてもおいしい料理法。なにしろカリッと香ばしく焼くので魚臭くならない。

たいていの魚なら何でもムニエルに合うが、日本では切り身を使うことが多く、鮭《さけ》、白身の魚のタイ、ヒラメ、タチウオ、スズキが好まれる。レモン、マヨネーズ、バター、しょうゆなど何でも合うが、そのままでもむろんおいしい。

110 漬かりすぎた漬けもののおいしい食べ方

〝かくや〟ってご存じ？
漬かりすぎた漬けもので作る香《こう》のもの。
おもにぬか漬けの古漬《ふるづ》けで作ることが多い。

古漬けとは漬かりすぎた漬けもので、食べるにはしょっぱい、酸《す》っぱいという味である。ぬか漬けを自宅でしていない人にも、これが好きで古漬けをわざわざ買ってきて作る人もいる。

漬けものを薄切りに刻んでたっぷりの水につける。10〜15分くらいでザルにあけ、手でギューッと絞《しぼ》り、せん切りしょうがと白煎《しろい》りごまと和《あ》える。味をみてしょうゆ少々加える。すぐでもうまいが私は冷蔵庫で少し冷やしたほうが好き。

もうひとつの食べ方。古漬けは適当に切る。あればしょうがのせん切りも。食べる5〜10分前に大ぶりの器に氷水を張り、漬けものを入れる。その氷水の中から各自引っ張り出して、ポリポリとサラダ感覚で食べる。うまい！　ただしこれは、〝かくや〟とはいいません。

111 キムチが酸《す》っぱくなったら

キムチが酸っぱくなってしまったら薄切りの安い三枚肉（豚バラ肉）と一緒に炒《いた》めると、ご飯によく合うおかずになる。


食べやすく切って豆腐のみそ汁《しる》に少し入れると、一気に韓国料理のチゲ味になり、目先が変わっておいしい。ただし酸っぱいキムチにも限度がある。いい匂《にお》いだけれど、食べると酸っぱいなあというのが目安。

日本ではキムチがまだ珍しく、出始めのころ、白菜漬けと同じように水で洗ってまずくなったキムチを食べたことがある。キムチは洗ってはいけない。そのまま食べるように作られている。

豚肉とキムチの炒《いた》めもの 豚肉にキムチを適量もみ込み、ごま油で強めの中火で炒める。こしょう、酒、しょうゆで味を調《ととの》える。

112 桃がおいしくなかったとき

せっかくの桃が甘くないとき、実にがっかりする。どうするか？

皮をむいて適当な大きさに切り、桃1個について砂糖大サジ½くらいかけておくと、けっこうイケる味になる。

固い桃で皮がむきづらいときはどうすればよいか？熱湯に6秒入れて、すぐ冷やして皮をむくとツルリとむける。

少々めんどうだが、大きく切って、水と砂糖でコトコト煮て冷やした甘い〝コンポート〟にするという手もある。このデザートはハイクラス。

113 梅干しの塩分がきついとき

梅干しは保存食である。
ゆえに、梅干しとは
塩分と酸味が強いものである。

なぜ今さらそんなことをいうのかというと、健康志向からか、あたかも減塩の梅干しのほうが従来のものより健康にいい印象を受けるが、減塩梅干しには「要冷蔵」と書いてある。

つまり、冷蔵庫に入れないと持たないということ。

それに、塩を減らしすぎると甘みが出ない。酸味がきつすぎるから、化学調味料を入れざるを得なくなる。

梅干しの塩分がきつい場合は、前の日に日本茶（ほうじ茶がことによい）にヒタヒタにつけておくと、ほどよく塩分が抜ける。そのほうが減塩を食べるよりも本物の梅干しの味が味わえる。

自分で梅干しを漬けるときも塩を減らしすぎると、口が曲がるほど酸《す》っぱくなる。先人の知恵にはあまり逆らってはいけない。

114 ゆでた新タケノコの使い方

↓炊き込みご飯117
タケノコは皮をむいてゆでる50

一度に使い切れないときは、きれいな冷たい水につけて冷蔵庫へ。水は毎日かえ、味と香りを楽しむためにもなるべく3~4日以内に使い切る。

先のやわらかい部分を姫皮《ひめかわ》という。姫皮は和《あ》えものや吸いものに、固いところは刻んでご飯に炊き込む。その他の部分はシンプルな素揚《すあ》げや素焼きに。おかかをかけてしょうゆタラリで、抜群においしい！

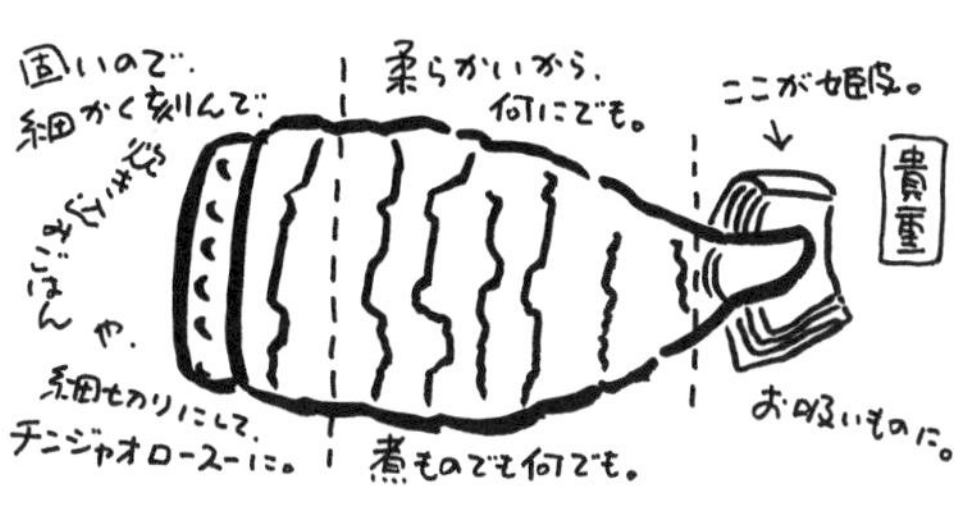

115 もっと気軽に豆料理を食べたいとき

日本では、煮豆という甘い味が定着しているが、外国ではサラダ、シチュー、つけ合わせなど、しょっちゅう食卓に並ぶ。日本も近ごろはこういう料理のほうが人気が高い。

大豆缶、金時豆《きんときまめ》缶、ひよこ豆缶、キドニービーンズ缶、ミックスビーンズ缶など、素材としての豆の缶詰は便利な食材。豆好きな人や忙しい人はこの素材缶を上手に利用するとよい。

豆のサラダ　汁《しる》けをきった素材缶の豆をフレンチドレッシングで和《あ》える。

豆のスープ　にんにく、玉ネギ、ピーマン、人参《にんじん》、ベーコンなど炒《いた》め、ここで水けをきった豆も加えてざっと炒め、1人につき1カップくらいの水、スープの素《もと》、ベイリーフも投入する。塩こしょうで味を調《ととの》える。ハーブのバジルやオレガノも合う。

116 ふっくらピカピカ黒豆の煮方

↓びっくり水86

やわらかくゆでてから砂糖蜜《さとうみつ》につけるのは料理屋のやり方。煮汁《にじる》もぶどう色が家庭の黒豆。このほうが汁までおいしい。お正月用に買うときの注意は必ず新豆であること。

黒豆はほとんどの人が一年に一度しか作らない。この煮方を覚えると一生の得である。黒豆には小粒のと、丹波《たんば》の黒豆というドカンと太ったタイプと2種ある。両方食べたい私は、お正月には両方煮る。

家宝の黒豆　煮汁にはじめから味をつけ、そこに洗った黒豆を入れ、一晩おく。翌日そのまま火にかけ、フツフツしてきたら、½カップほどのびっくり水を加える。煮汁はつねに、豆の上を覆っていないとシワになってしまうので、なくなればそのつど水を足す。途中で何回火を止めてもかまわない。弱火でコトコト4時間は煮ないとおいしくならない。煮汁の材料は、黒豆1カップに対して60度くらいの湯4カップ、砂糖80gくらい、塩小サジ¼、しょうゆ小サジ½、重曹《じゅうそう》少々。

4

調味料・香辛料・常備品を上手に使いこなすコツ21

117 日本料理に日本酒は必要不可欠

↓昆布だし59　カツオ節のだし60
煮干しだし61　炊き込みご飯117

なぜなら〝だし〟（カツオ節《ぶし》、煮干《にぼ》し、昆布《こんぶ》）を基調としているからだと思う。

そんなに重要だろうかと

日本酒の入らない吸いものを作ってみたら、かなりアカ抜けない吸いものの味だった。

吸いものをはじめ、煮もの、炊き込みご飯、鍋《なべ》ものの関係などに欠かせない。日本酒を料理に入れると生臭《なまぐさ》みや青臭さや肉のイヤミな味が抜けマイルドな味に変わる。

ただし、料理用酒というのはおすすめしない。二流酒でもよいから、ふつうに飲む酒で作るほうが味がよい。

焼き海苔《のり》の吸いもの　熱々のだしに塩、酒、薄口《うすくち》しょうゆで味を調《とと》え、椀《わん》に注ぎ、もみ海苔を加え、細ーく切った針しょうが少々をポン。

118 みりんの上手な使い方

↓焼き照り123　隠し味105

使い方は、砂糖と似ているが、砂糖より甘みがあっさりしているので、上品な甘さになる。ただし使いすぎると、少し苦《にが》くなるのでご用心。煮くずれを防ぐ効果もあるので、煮っころがしにはよく使う。

みりんは飲料・料理用の甘い酒である。原料はもち米。煮ものや照り焼き（焼き照り）には欠かせない。みりん風とかいうのより、みりんとか、本みりんとかいい切ったもののほうが安心。砂糖小サジ1とみりん大サジ1がほぼ同じ甘さ。覚えておくと何かのときに役に立つ。吸いものの味が今ひとつ決まらないというとき、隠し味にみりんを仕上げのときに入れると味がまろやかになる。

119 米酢《こめず》は どんな料理にも合う

↓オリーブオイル163
ごま油162　酢のもの192

酢は米酢が一番味がまろやか。どこそこの何々とこだわった酢は和食には合うが、他の料理には合いにくい。その点米酢は、サラダ油はもちろん、オリーブオイルやごま油とも合う。

酢も長いこと置いておくと味がおちるので、なるべく早く使いきれるような大きさのビンがよいし、その意味でも何種類もないほうがよい。陽が当たらず涼しいところか冷蔵庫に入れて、ふだん使うぶんはしょうゆ入れのようにお酢入れがあると使いやすい。

ついでに「バルサミコ酢」について。イタリア料理によく使われる赤い色の酢で、ぶどう果汁《かじゅう》とワインから作る。見ためより使いやすく、ふつうのサラダに使えるが、甘い。加熱すると肉や魚にも合う。

120 薄口《うすくち》しょうゆを使いこなす

↓カツオ節のだし60

関西風煮もの・和《あ》えもの・鍋《なべ》もの・吸いもの・うどんやそうめんつゆなど、素材の色と味を生かしたいときは、断然薄口しょうゆ。大阪育ちの私の料理のレシピではおなじみ。特に上等のカツオ節のだしとの相性は抜群。

ふだん使いのしょうゆを「濃口《こいくち》しょうゆ」というのに対していう。関西ではごく一般的に使われている。色が薄いので、料理自体の色もきれいに仕上がるが、塩分はふつうの濃口しょうゆより濃いので注意。弁当に、ほうれん草などの青菜をおひたしにして入れたいときは、濃口だとくどくなるので薄口がよい。少ない量でしっかり味がつき、水分も出にくい。「淡口《うすくち》」とも書く。濃口しょうゆ小サジ3（大サジ1）と薄口しょうゆ小サジ2は、ほとんど同じ塩分である。覚えておくと役に立つ。

121 黒こしょう、白こしょう、安いこしょう

こしょうの特徴は、あの香りと辛《から》みの強さである。ビーフシチューには黒こしょう、魚介のホワイトシチューには白こしょう、ラーメンには安い粉こしょうをパパッとひとふり。持ち味が違うように使い方もいろいろである。

白こしょうは色も白く、黒こしょうに比べると辛みも味もやさしい。黒こしょうと同じ実《み》であるが、外皮を取り除いたものである。

肉や魚を多く使う欧米の料理に黒・白こしょう両方は必須《ひっす》。中国の四《し》川《せん》料理に黒こしょうは山椒《さんしょう》・豆板醤《トウバンジャン》とともに欠かせないし、辛い料理の多い、メキシコ、韓国、朝鮮、インドなどにもなくてはならぬもの。豚汁《じる》は七味もいいが、こしょうの隠《かく》し味のほうが断然合う。また貝の汁《しる》ものにも、こしょうのほんのひとふりが素晴らしい効果を発揮する。こちらはいずれも、安物のこしょうがよい。

122 ごま油の上手な使い方

↓甘酢あん190

ごま油は中国料理には欠かせない油で、風味がいい。

生《なま》（火を入れない）で使う場合は数滴たらすだけでも十分。

もちろん和食にもよく使う。

卵焼き、キンピラ、けんちん汁《じる》、いずれもサラダ油で作るより香りとコクが出る。


ごま油はごまの種からとった油である。

カニ玉は断然ごま油がおいしい。サラダ油で作った場合、一応カニ玉にはなるが、何かひとつ物足りなさが残る。その場合は、甘酢《あまず》あんを作るとき最後にごま油を数滴たらす。

これでかなり風味・味とも本格的になる。

123 オリーブオイルの上手な使い方

オリーブオイルは、サラダはもちろん、焼いたり炒《いた》めたり、また、揚げても素材の味が生かしやすい。
酸化が早いので、あけたら1ヵ月以内には使い切ること。
固まってしまうので、
ふだん使う分は冷蔵庫には入れない。

オリーブオイルは地中海料理（特にイタリア料理）に欠かせない油。イタリア料理の人気とともにほとんどのスーパーに置かれるようになり、家庭でもよく使われるようになった。焦げつきにくいのが特徴。コレステロールがたまりにくいとかで注目されてきた油のひとつ。メーカーや産地、国によって、味、香りが違うので、自分好みのものを見つけるとよい。
バージンオイルとは100％オリーブオイルの一番絞《しぼ》り。ピュアオイルとはオリーブオイル100％のこと。２種用意するよりどちらかをまず買って、好みのほうにすればよい。まずは小さめのビンがよい。

124 しょうがは常備しておくと便利

↓下味をつける91　薬味182　隠し味105

しょうがは、
薄切り、せん切り、すりおろし、絞《しぼ》り汁《じる》と、
下味をつけたり、もしくは薬味として
とても出番回数が多い。

買ったら、ビニールやパックから必ず出し、ペーパータオルにくるんで、冷蔵庫に入れておく。

寒い季節なら冷蔵庫ではなく、カゴに入れておいてもいい。

シワシワになっても使えるが、汁を使う場合や、すりおろして薬味として使う場合は、チト無理。中国風スープなどに、隠《かく》し味の香りづけくらいなら入れても大丈夫。

きれいに洗って冷凍庫に入れておくと、そのままゴリゴリとおろしても使える。ただし、しょうが汁としては問題ないが、おろししょうがとしては色は悪い。

いずれにしても、買いすぎないこと。

125 赤唐辛子《あかとうがらし》の種は刻んで使うときは取り除く

キンピラゴボウ、中国風の炒《いた》めもの、パスタ料理、エスニック料理などに欠かせない守備範囲の広い香辛料。常備しておくと便利。色が褪《あ》せやすいので、涼しいところか冷凍庫に保存する。

赤い唐辛子の干したものが赤唐辛子で、「タカの爪《つめ》」ともいう。唐辛子がそのまま口に入ってもOKというくらい辛《から》いのが好きなら、小口《こぐち》切りにする。

炒めものに使うときには、油がぬるいうちに入れ、ゆっくり香りと辛みを出す。すぐ焦げついて苦《にが》みが出てしまうので、必ずぬるい油からを習慣に。

辛いのが苦手な人は、炒めものなどには刻まず1本そのまま使うと少しの香りと辛みがつき、あとで取り除ける。

126 山椒《さんしょう》は日本が誇るハーブである

→薬味182

山椒の粉は、山椒の実《み》を粉にしたものでピリピリッと舌がしびれる感じが特徴。とにかく、香りが命である。うなぎのかば焼きにはなくてはならない。

うなぎのタレと粉山椒《こなざんしょう》さえあれば、いくらでもご飯が食べられるという人を知っている。

七味唐辛子《しちみとうがらし》の中にも粉山椒は含まれる。東京のそば屋に置いてある薬味は七味だけだが、昔の大阪は違った。鴨南蛮《かもなんばん》や鶏《とり》南蛮、肉うどんにはきまって粉山椒である。それも、ふりかけられて出されていた記憶がある。

しかし、タレをつけない塩味の「うなぎの白焼《しらや》き」にはわさびが合う。微妙さを味わい分ける人間の舌に感嘆する。

127 知ったらやみつき、柚子《ゆず》こしょう

↓薬味182　そうめん49

こしょうといってもあの「胡椒《こしょう》」ではない。柚子の皮のすりおろしと唐辛子《とうがらし》をペースト状にしたものとパラパラふる粉状のものがある。立派な日本の薬味で、色は渋い黄緑色が主流。

黄緑色のものが入った小さなビンを見たことが一度はあると思う。全国的にはポピュラーなものではないが、九州地区ではどこの家庭にでもあるという。最近では、西から関東近辺まではポピュラーになってきた気がする。スーパーマーケットなどにはある。

鍋ものやうどん、そうめんなどの薬味としてちょいと加えるだけで実に素晴らしい味と香りに変身する。食欲も増進することは間違いない。鍋ものでこれを使い始めると、これがないとかなり寂しいなと思わせる薬味グッズのひとつである。

128 乾燥桜エビは常備しておくと便利

桜エビは火を通すと香《こう》ばしくなる。買ってきたらなるべく早く使い切るか、冷凍庫に保存すること。常温で保存すると、色も風味もおちる。

まさしく桜色した薄べったい干したエビのこと。干し桜エビともいう。カキ揚げやチャーハンに入れたり、キャベツと一緒に炒《いた》めるだけでもうまい。お好み焼きにもよい。青菜の煮浸《にびた》しにも使うと、だしなしでいける。

中国料理に使うころんとした干しエビとは違う。

桜エビとキャベツの炒めもの フライパンを熱したら、ごま油、桜エビ、ザクザクッと切ったキャベツを次々と入れ、強火で一気に炒める。塩味でもしょうゆ味でも。

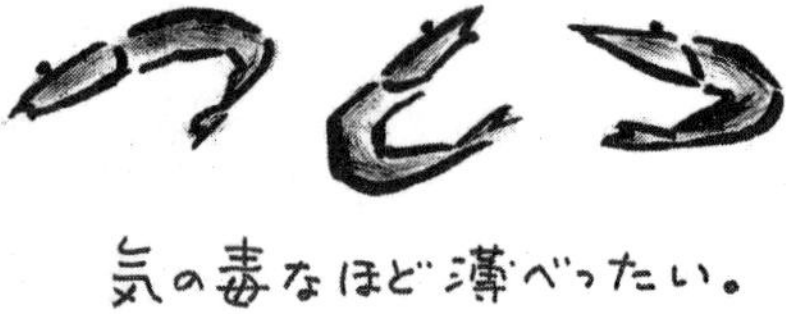

気の毒なほど薄べったい。
なのに、いい味がでる。えらい。

129 紅《べに》しょうがは大阪の味

着色料がうんぬんといわれても、お好み焼きやタコ焼き、ソース焼きそばには、紅しょうがでなければ大阪の味にはならない。

紅しょうがは、上品なピンク色のものと真っ赤なものがあり、大阪の人が大好き。街のそうざい屋では、大きく薄く切った紅しょうがの天ぷらが売られていて人気があるし、家庭でもよく作られているようだ。東京で作りたくてもでっかくて赤い紅しょうがが手に入りづらい。大阪に近い京都や神戸でもあまり普及しておらず、実に大阪は不思議だ。すし屋のごく薄く切った甘酸《あまず》っぱい「ガリ」は本来、若いしょうがを漬ける。

紅しょうがとじゃこのお好み焼き　小麦粉1カップ、卵と水で計1カップを混ぜる。フライパンに油を熱し、適当な大きさに流す。すぐ紅しょうが、じゃこを散らし両面焼く。ソース、おかか、青海苔《あおのり》などをかけて。3枚ほど焼ける。

130 オイスターソースを使うとグッと中国風の味になる

トロッとしてやや甘い。
麻婆豆腐《マーボーどうふ》やチンジャオロースーなどの、
中国料理に欠かせない調味料である。
ただし、使いすぎると気持ちの悪い味になるので、
4人分で大サジ1くらいが適量。

カキ油ともいう。その名の通りカキから作る調味料で、チャーハンの隠《かく》し味にも使ったりする。

スーパーの中国素材のコーナーには大体置いてあるが、ふたをあけたら必ず冷蔵庫に入れること。すぐに味が悪くなるので、あまり使わないかも、という人は、できるだけ小さいビンを買う。

ブロッコリーのカキ油炒《いた》め　ブロッコリーは小房《こふさ》に切り、さっとゆでる。油少々で炒め、全体が炒まったら、酒・塩・オイスターソース各適量で味をつけ、からめるように一気に炒める。

131 豆板醤《トウバンジャン》も中国料理には欠かせない調味料

↓山椒166

麻婆《マーボー》豆腐、エビチリなどは
豆板醤を使う代表的な料理である。
最近はほとんどのスーパーに置いてある。
日本の中国料理屋に入って「四川《しせん》風」とあれば、
まずこれを使っていることが多い。

辛《から》いだけでなく塩分が強いのは、そら豆で作ったみそだから、腐敗防止のためにも日本のみそ同様にかなり塩が入っている。メーカーによって塩分が違うので、好きなタイプを探すといい。

早く使い切るためには、小さめのビンを買い、ふたをあけたら冷蔵庫へ。

麻婆豆腐には豆板醤だけでなく粉山椒《こなざんしょう》も加えるとピリリさの味が違う。

ただし、好きずき。

ちなみに、四川料理＝豆板醤ではないので、注意をば。

132 コチジャンがあると料理の幅は確実に広がる

米と糀《こうじ》と唐辛子《とうがらし》で作った調味料で、朝鮮料理、韓国料理には欠かせない。豆板醤《トウバンジャン》との違いは辛《から》さの中に甘みがあることで、原材料も違う。ラーメンに落とすと味の違いがよくわかる。

豆板醤ほどまだ普及していないが、これも最近のスーパーでよく見かけるようになった調味料。焼いた肉にこれをちょっとつけ、サニーレタスの葉で包んで食べるとうまい。

初めて使うものは少なめに買うほうがよい。保存は冷蔵庫で。

鶏《とり》コチジャン焼き コチジャン・しょうゆ各適宜《てきぎ》、こしょう・にんにくすりおろし・ごま油を各少々合わせ、タレを作り、唐揚げ用鶏にもみ込んだら、200度のオーブンでこんがり焼く。

133 エスニック料理といえばナンプラー

ナンプラーとはどんな調味料か?
「ニュクマム」ともいい、
魚で作ったしょうゆである。
使うと一気にエスニックの味になる。

タイやベトナムなど東南アジアでは、これを日本人のしょうゆのように使う。
ビーフン炒《いた》めやスープ、タイ風のサラダなどに使うが、使いすぎると逆効果で生臭《なまぐさ》くなる。2人分の炒めもののやスープ、サラダのドレッシングには小サジ½くらいが適量。秋田のしょっつるともよく似ている。
1本買うとかなりあるので、チャーハンやラーメンに、少量使うとよい。

ビーフン炒め　豚肉、ピーマン、もやしを炒め、もどしたビーフンもさっと炒めたらスープを加える。塩こしょう、ナンプラーで味を調《ととの》え火を止める。香菜《シアンツァイ》好きならぜひ。

134 ローリエは出番の多い香辛料

↓適宜228

月桂樹《げっけいじゅ》の木の葉。香りが非常に強い。カレーなどのスパイシーな肉料理に入れると、よりスパイシーになり、魚介のシチューやスープに入れると、生臭《なまぐさ》さが消える。

ローレル、ベイリーフともいう。たいていのスーパーの香辛料コーナーか中国料理コーナーにある。ただし、使いすぎると逆効果。2人分で大体½枚くらい。10人分のシチューを煮るときでも1枚で足りる。保存するときは、香りが逃げやすく色が褪《あ》せやすいので冷暗所あるいは冷蔵庫で。マラソンで優勝した人が頭にかぶっている葉っぱの輪、あれです。

簡単魚介のスープ エビ、貝柱、タイなどに塩適宜《てきぎ》ふる。セロリ、玉ネギ、人参《にんじん》を大きめに切り、3カップの水、酒大サジ2を火にかける。野菜がやわらかくなったら魚介とローリエを入れる。味をみて、塩こしょうで味を調《ととの》える。

135 オレガノ、バジルといえばイタリア料理

↓オリーブオイル163

どんな料理にも、これを入れることによって、一気にイタリアっぽい味になるハーブ。


オレガノには、生《なま》とドライがある。

生もドライも、入れすぎるとクスリっぽくなるので要注意。パッパッと2ふり程度入れてから味と香りをみる。好みで少しずつ増やしていく。入れすぎると味は直せない。

ドライの場合、ビン入りや袋入りは冷凍庫に入れておくと香りがとれにくい。何の粉かわからないくらいの粉になったのはおすすめしない。

トマトシチューやミートソース、マリネに加えるとグッとおいしい。

ピザソースには欠かせないハーブである。

バジルは日本の青じそとまったく同じ使い方をしてよい。刻んでパスタにも。

136 シナモンは懐かしい香り

シナモンは、実は日本人は古くからなじんでいる。
肉桂《にっけい》――ニッキのことである。
ケーキの本などによく出てくる。

京都の生菓子《なまがし》「八つ橋《やはし》」の香りはこれである。なんとうまい味の組み合わせだと感心する。シナモントーストもおいしいし、焼きりんごにふりかけるのもおいしい。

喫茶店でカプチーノやシナモンティーを頼むと、茶色の棒がおごそかについてくることがある。あれは粉状になる前の、シナモンスティックである。スプーンがわりに2〜3度軽くかき混ぜる。

シナモントースト パンの片面にバターを塗り、さらに砂糖とシナモンをたっぷりふり、トースターでこんがり焼く。

シナモンティー 水3カップとシナモンスティック1本（折ってもよい）を火にかける。フツフツしてきたら火を止めて紅茶の葉を入れよく蒸らす。好みによって砂糖を。

137 本格インド味、ターメリック

カレーには欠かせない香辛料のひとつ。
色は鮮《あざ》やかな黄色で、
カレー粉の中にはすでにこれが混合されている。
単品として市販されているのは粉状のもの。
小さいビン入りを持っていると味の幅が広がる。

インド味大好き本格派ならカレー粉、ターメリック、ガラムマサラのこの3種は必須《ひっす》の香辛料。市販のルウに足してもよい。カレーのときのご飯をターメリックライスにすると楽しい。スープやピラフにも少々ふり込むと本格的な味になる。漢方薬としても使われるくらいなので、入れすぎるとクスリっぽくなり、色もなんとなく濁《にご》る。少なめに入れ、加えていくというのが美しさのコツ。

ターメリックライス　米2カップにターメリック小サジ½くらい。バター（有塩）少々を入れふつうに炊く。

5

知っていると食卓がグンとゆたかになる基礎知識34

意外と知らない
ちょっとしたこと

138 薬味《やくみ》とは

↓しょうが164　そうめん49　へぎ柚子183

若い人には日本の香辛料《スパイス》と説明したほうがわかりやすいかもしれない。
これがあることにより
いっそう料理が引き立ち、食欲も増す。
七味《しちみ》唐辛子《とうがらし》とか一味《いちみ》唐辛子をはじめ実に多種ある。

たとえば刺身にはわさび、ざるそばにはわさびと小口《こぐち》切りのネギ、うな丼《どん》には粉山椒《こなざんしょう》、茶碗蒸《ちゃわんむ》しにはひとひらのへぎ柚子《ゆず》と三つ葉。かき玉汁《じる》はおろししょうが。カツオのたたきには、おろししょうがとにんにくといった具合である。

そうめんなどは薬味がたくさんあると幸せ。味もいろいろ楽しめる。

茄子《なす》のみそ汁の薬味として、みょうがは最高によく合い、旬《しゅん》の出合いものである。

139 へぎ柚子《ゆず》とは

↓里いも129

皮を薄くそいだ柚子のことを「へぎ柚子」という。柚子は絞《しぼ》り汁《じる》よりも皮のほうが香りが強いので、皮を使うことが多い。

柚子は日本の誇るべき香りである。ひとひらのへぎ柚子を入れるだけで、吸いものや茶碗蒸《ちゃわんむ》しの味が見事に香り立つ。ちなみに皮を薄くそぐのをへぐという。

皮の白いところを入れると苦《にが》くなるのであまり厚くならないように。さりとて薄すぎても貧弱になる。ひとひらとは、せいぜい1㎝角程度。

1回の料理で柚子1個を使うことはほとんどない。

保存方法は、固く絞った布巾《ふきん》にくるむか、乾いた布巾に包んでビニールに入れるかのどちらかの方法がよく持つ。さらしの袋があればなおよい。冷蔵庫の野菜室だと1週間は保存可。

柚子の旬《しゅん》は冬。土瓶蒸《どびんむ》し、湯豆腐や鍋《なべ》ものの薬味としても合う。秋に出はじめる早い時期の青柚子も香りがとてもよい。

140 鍋《なべ》ものの友、ポン酢《ず》

ポン酢、もともとはポンスでオランダでは柑橘《かんきつ》類の意味。ポンカンから由来しているのかと長年思いこんでいた。日本でいうところのポン酢は、柑橘類にしょうゆを合わせたもの。

庭にポンカンやだいだいが鈴《すず》なりの家、うらやましいなあ……。本物の絞《しぼ》り汁《じる》はほんとによい味と香りなんだから。でも庭に柑橘類の木がない以上は買ってくるしかないが。香りが素晴らしく、日本料理によく合い、ポン酢といえば鍋ものというくらい相性がいい。

レモンもよいが、香りより酸味とレモン味が勝ってしまう。ポンカン、だいだい、すだち、柚子《ゆず》、かぼすなどが日本の料理には合う。

東京に住んで30年以上になるが、こちらの鍋ものはポン酢で食べることがほとんどで、びっくり。これもいかがなものか。

141 鍋《なべ》ものの友、もみじおろし

色が秋の真っ赤なもみじのような色をしている大根おろしのこと。
鍋ものになくてはならない薬味で、
大根の中に穴をあけ、唐辛子《とうがらし》を詰め込んで一緒におろしたもの。
だから、辛《から》い。

が、近ごろはわざわざ作る人はめったにいない。スーパーマーケットに売っている。

大根おろしに一味《いちみ》唐辛子を混ぜてもよし。

大根おろしにパラリと入れるもみじおろしの素《もと》みたいなものもある。

鍋もののときは、もみじおろし、柚子《ゆず》こしょう、かんずり（米糀《こめこうじ》・塩・柚子と一緒に3年間寝かせた唐辛子）のいずれかは必要不可欠。

ポン酢《ず》とは一心同体といってもよい薬味である。

142 すだちをキュッ

↓松茸139　へぎ柚子183　大根おろし120

濃い緑の小さい柑橘《かんきつ》類をすだちという。
今やすだちは一年中作られているが、
本当の旬《しゅん》は秋である。
ゆえに、秋が旬のサンマ、きのことは実に相性がいい。
松茸《まつたけ》の土瓶《どびん》蒸《む》しには必ず添えてある。

すだちは四国の徳島県の特産品である。私の父は徳島出身なので、すだちのシーズンには何にでもキュッと絞《しぼ》る。ことに大根の葉のやわらかいところを塩もみした即席の漬けものを新米にのせ、すだちをキュッとしたものなど、なんておいしいものよと子ども心に思ったものだ。大根おろしはサンマに（もちろんこっちにもキュッ）、大根の葉はご飯に。きっと母の知恵。
皮も柚子《ゆず》に負けず香りがよく、へぎ柚子と同じようにしてもいいし、すりおろしてもいい。

143 吸い口①

↓冬瓜193　溶き辛子246

汁《しる》ものにちょっと加えると、味がパッと引き立つものをいう。豚汁に七味《しちみ》唐辛子《とうがらし》やこしょう。吸いものにへぎ柚子《ゆず》や木の芽、かき玉汁におろししょうがなど、あるとないとでは味がまるで違う。

私の育った大阪では、特に吸い口に気を配る。肉うどんは牛肉に粉山椒《こなざんしょう》。豚を使ったうどんには、おろししょうがを吸い口にする。冬瓜《とうがん》のみそ汁に溶き辛子《がらし》。冬瓜の清汁《すましじる》にはおろししょうが。花巻《はなまき》そば（ざるそばの温かいもの）にはわさび。

大阪のうどん屋は、七味、粉山椒、辛子、わさび、おろししょうがなど、うどんの種類によって使い分ける。豚汁には、七味よりほんの少しのこしょうをふることによって、グンと味はアップする。

144 吸い口②

きゅうすや土瓶《どびん》の口を吸い口という。
吸い口の本来の意味は、
キセルの吸うときの口にある部分のこと。

ちなみに、土瓶を知らない若者もいる。下のイラスト参照すべし。

入院するとき、寝た姿勢で水を飲むための、きゅうすを小さくしたようなものを用意するようにいわれる。そんなときにきゅうすを持っていくと恥をかく。薬局に売っているこれも「吸い口」。

きゅうすや土瓶は湯のみなどに注ぐためのものだが、病人が使う「吸い口」は、直接口をつけて水分をとるように作られたもの。

こちらの吸い口をくわえても行儀が悪いとはいわれないので、安心して養生《ようじょう》あれ。

145 水溶き片栗粉《かたくりこ》

↓吸い口①187　甘酢あん190

水溶き片栗粉とは、片栗粉を同量、もしくは少し多めの水で溶いたものをいう。トロミをつけるときの必需品で、料理には欠かせない。

おそば屋さんのあんかけうどんやカレーうどんのトロリはすべてこれ。冷めにくくて、体が暖まる。八宝菜《はっぽうさい》やカニ玉の甘酢《あまず》あんのトロリもそう。

トロミをつけるときは必ず、いったん煮立たせることが大事。強火でグラグラだとうまくいかない。片栗粉と水をよくかき混ぜながら少しずつ入れる。決してドバッと入れない。だまになる。かといってあまりチョビチョビでもだめ。で、すぐにお玉でゆったりとかき混ぜる。

かき玉汁《じる》　だしに味をつけ、ごく薄ーくトロミをつけておく。かくしトロミ程度に。フツフツさせ、溶き卵を全体に回し入れ、ゆっくり混ぜる。すごくきれいにできる。

146 甘酢《あまず》あん

↓水溶き片栗粉 189

「あん」といっても、和菓子の餡《あん》ではない。酢豚《すぶた》、カニ玉、肉だんごなどにかかっているか、からまっている。甘酸《あまず》っぱくて、少ししょうゆ味のトロリとしたタレのこと。

酢・砂糖・しょうゆなどを調味料としてスープまたはだし、水も加え、水溶き片栗粉《かたくりこ》でトロリとさせたもの。仕上げにごま油を少し入れるとぐっと風味が出る。

揚げた肉・魚・肉だんごなど、主になるおかず自体には濃い味をつけず、上からトロリとかけたり和《あ》えたりする。

小さい子どもから、年配の人までかなりの人が好きな味である。

甘酢あん 基本配合は米酢《こめず》・しょうゆ・砂糖が1対1対1の割合。カニ玉のあんは、米酢・しょうゆ・砂糖各大サジ1にスープか水3/4カップを加え、水溶き片栗粉でトロミをつける。

147 ぬた

↓和える103　隠し味105　溶き辛子246

さっとゆでて冷ました、わけぎなどのネギ類と、魚介類（鳥貝・青柳《あおやぎ》・小柱・マグロ・イカなど）を、みそ・酢・砂糖などの調味料で作った酢みそで和《あ》えたものをぬたという。

酢みそに溶き辛子《がらし》を隠《かく》し味に入れると風味がよくなる。特に魚介類が入るぬたには、生臭《なまぐさ》み消しとしても溶き辛子は欠かせない。

時間がたつと水っぽくなり味がおちるので、酢みそと和えるのは食べる直前にすること。これ大事。

ぬたにマスタードは合わない。市販の溶き辛子でもよいから、和辛子を使うこと。これも大事。

わけぎはゆでたらザルにひきあげ、自然に冷ますほうが水っぽくならない。

マグロのぬた　ぶつ切りマグロに少し酢をかけて下味をつけておく。酢みそを作り、ゆでて冷ましておいたわけぎと和える。

酢みその配合

みそ	大サジ山盛り 1
酢 砂糖 みりん	各大サジ 1/2
溶き辛子	小サジ 1/2 弱

2人分

148 酢のもの

酢のものとは、きゅうりとわかめの酢のものなど、酢・塩またはしょうゆ・砂糖などで味をつけた「合わせ酢《ず》」で調味したもののことである。

合わせ酢には三杯酢《さんばいず》と二杯酢《にはいず》がある。

三杯酢とは、酢・塩またはしょうゆ・砂糖を混ぜ合わせたもの。基本の割合は、米酢《こめず》大サジ1・塩小サジ½・砂糖小サジ1。甘みは好みで増減してよい。

二杯酢は酢・塩またはしょうゆを混ぜ合わせたもの。基本の割合は、米酢大サジ1・塩小サジ½。

塩小サジ½は、しょうゆなら大サジ1、薄口《うすくち》しょうゆなら小サジ2と同じ。塩にするか、しょうゆにするかは、料理の材料、献立の組み合わせによって、自分の好みでかえる。

砂糖小サジ1はみりんなら大サジ1である。どちらを使うかは好みで。

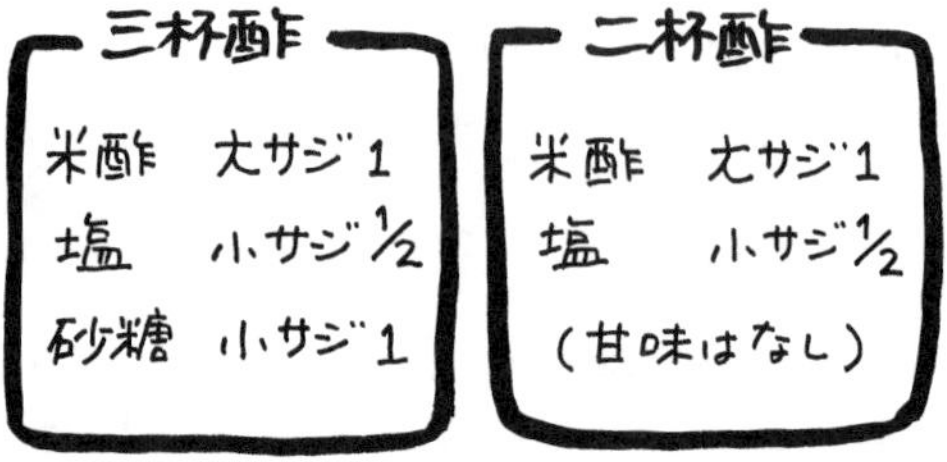

149 冬瓜《とうがん》の食べ方

↓カツオ節のだし60

ラグビーボールみたいな大きさの瓜《うり》のことである。皮は緑だが、切ってみると中身の色は白く涼しげ。使うときは、惜しげもなく皮の緑色の部分を厚くむき、種とワタをスプーンできれいに取る。

冬という字を使うが、夏の野菜である。名の由来は冬まで持ちますよというところからきているという説と、体を冷やすからという説がある。夏から冬まではいくらなんでも持たないが、切らずに丸ごとだとよく持つ野菜である。½や¼に切って売っていることが多い。

鶏肉とよく合う。カニやエビとも相性がよく、中国料理にも向く。やわらかくするのに比較的時間がかかるので、中火以下でゆっくりと。

冬瓜と鶏肉の煮物　冬瓜200gは大きめの一口大《ひとくちだい》に切り、カツオだし2カップと塩少々を加えて煮立てる。適当にそぎ切りにした鶏《とり》ささみ2本を加え、冬瓜が煮えたら塩、薄口《うすくち》しょうゆ、酒で味を調《ととの》え、水溶き片栗粉《かたくりこ》でゆるくトロミをつけ、おろししょうがを添える。

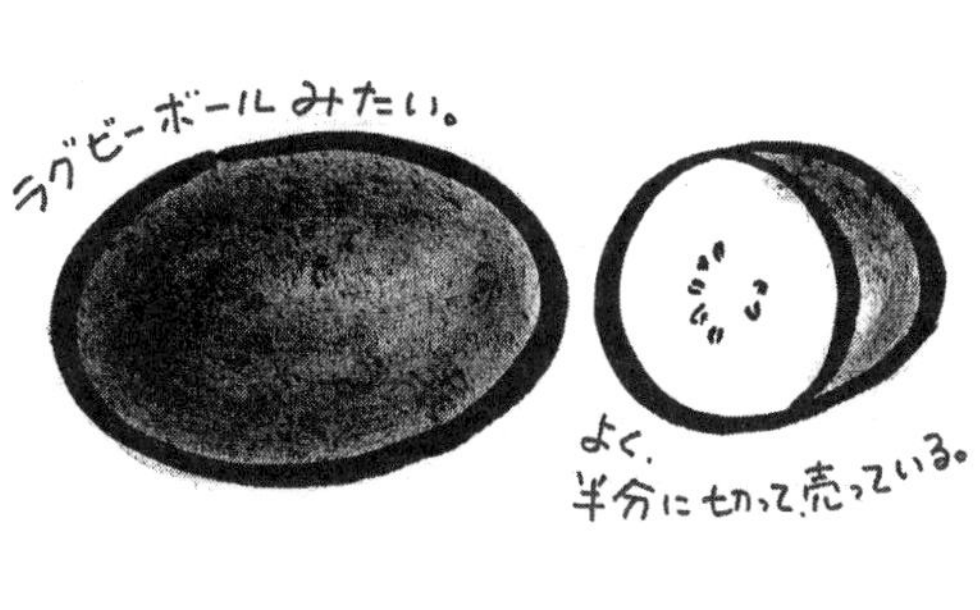
ラグビーボールみたい。
よく、半分に切って売っている。

150 苦《にが》瓜《うり》の食べ方

ゴーヤーといういい方が主流になってきたかもしれない。まさしく字の通り、最初はその苦さに驚くが、食べていくうちに、やみつきになったという人多し。なんといってもゴーヤーチャンプルが有名。

沖縄では、ずいぶん前からごく自然に家庭野菜として食卓に並ぶ。見た感じ巨大きゅうり（実際仲間らしい）という形で、表面はボコボコしている。きゅうりと違うのは中のでっかい種と白いワタは食べられないので、まず2つに切ってから、種とワタ部分をスプーンでかき出す。下ごしらえとしては、薄切りにした苦瓜に塩をあてて軽くもみ、ざっと洗ったり、塩を加えたたっぷりの熱湯でさっとゆでたり、どちらかをすることで心地よい苦みにかわり、食べやすくなる。

ゴーヤーと豚のチャンプル　油で豚コマと下ごしらえずみの苦瓜を塩こしょうで炒《いた》める。火が通ったら溶き卵を加え、炒め合わせる。

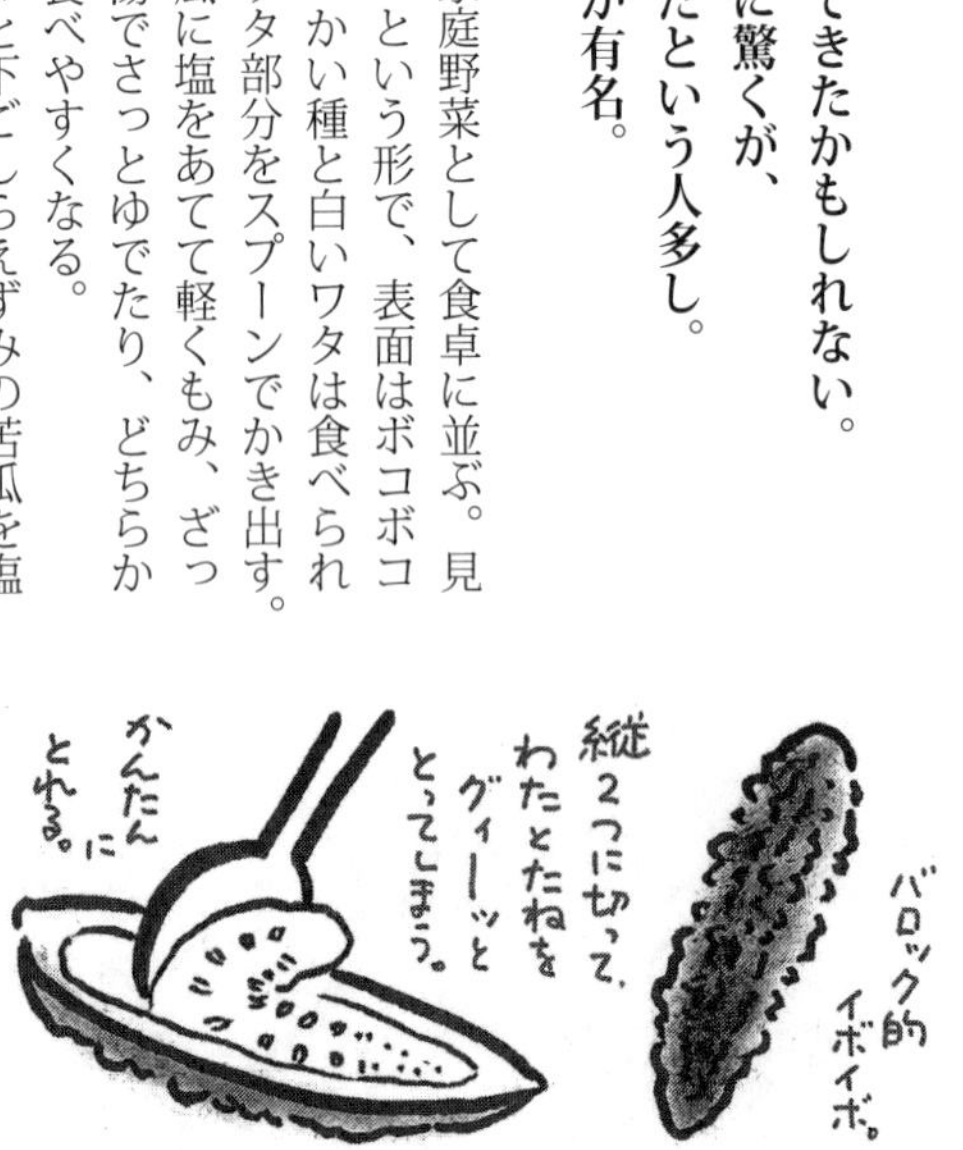

151 油揚《あぶらあ》げ

↓油抜き95

汁《しる》ものに入れてよし、煮ても焼いてもよし、実に重宝な素材である。日本の「ベーコン」のようなもの。

油揚げというい方は、関東では豆腐を薄く揚げたもの。厚いのは生《なま》揚《あ》げと呼ぶ。関西では薄いものは「薄揚げ」、厚いものは「厚揚げ」。どうもこっちのほうが個人的にはスッキリと気持ちいい。実に当たり前のいい方だから。どちらも昔から豆腐屋さんで売っていて、家庭で作ることはまずない。

冷蔵庫に常備しておくと便利。ただし油揚げは匂《にお》いがつきやすいので、3日以内で食べ切るくらいがよい。

冷凍にもよいが、こちらも匂いがつきやすいので、早めに使うほうがいい。凍ったのはそのままパリパリと手で折ってさっと湯で洗い、絞《しぼ》る程度で直接みそ汁などに放り込んでもかまわない。

152 ゆば

ゆば（湯葉）とは豆腐になる前の豆乳の段階で、豆乳の上にできる膜、つまりタンパク質のかたまりのようなもの。
牛乳をわかしてそのままにしておくと上に膜が張るが、あれと同じ原理である。
そのまま膜をすくったのが「生《なま》ゆば」、それを乾燥したものが「干しゆば」である。

干しゆばは、水やぬるま湯で濡らしてもどす。濃いめのカツオだしや昆布だしで煮たのは上品でおいしい。油で揚げたものもあり、「揚げゆば」という。精進料理には欠かせない。日本だけでなく、中国などでもよく使われる食材である。

生ゆばは新鮮なうちが身上《しんじょう》。日持《ひも》ちしないので、なかなか手に入らない。食するときは、そのままわさびじょうゆで食べる。

153 血《ち》合《あ》い

↓煮魚のコツ125

カツオやアジなど
魚の背のほうにある赤黒い部分のこと。
もちろん食べられるし、鉄分も多い。
ただし、好きな人と嫌いな人に分かれる。

食べ方としては、カツオの刺身やタタキで生《なま》を食べようというときは、血合いの部分は生臭いので、部分的に少なくしたほうがよい。

煮るときは、この血合いの部分が好きな人は、しょうがの薄切りを一緒にたっぷり煮るとおいしく食べられる。

ナマリ節《ぶし》の煮もの　カツオの蒸したものをナマリ節といい、関西ではナマ節という。ネコには相変わらず人気だが、人間は近ごろあまり好まなくなったのか、料理法を知らない人が多い。やや濃いめに甘辛《あまから》く、しょうが汁《じる》たっぷりでふきと一緒に煮上げても、ご飯によく合う。

154 刺身のツマ

ツマは「妻」と書く。
焼き魚や刺身など、
和の料理の添《そ》えものである。
とすると、人間の妻は、夫の添えもの（ン？）。

『広辞苑』によると、ツマとは薬効《やっこう》のあるものが多く、昔は毒消し、防腐《ぼうふ》のためにつけた。焼きアユとか、ハラワタまで食べるものにタデ酢が添えられるのは、苦《にが》みのあるタデが毒消しの役をするともいわれていたため。

小菊やしその実《み》、紫色のぼうふう、青じそなどツマの種類は多い。ツマは食べられるので、洗ってくれてさえあれば食べたほうがよいのだ。

155 フレンチドレッシング

最もシンプルな油・酢・塩のドレッシングを指すが、実は日本独特の呼び方である。アメリカでフレンチドレッシングをくださいというと、ドロドロの赤っぽいのが出てきて驚く。ケチャップが入っている。

では、日本的フレンチドレッシングが欲しいときにはどういえばいいのか。オイル&ビネガーといえばよい。油《オイル》と酢《ビネガー》が別々にくるので、自分で適当にかけて食べる。油は好きな油でいいが、サラダ油が一番クセがない。ただしサラダ油という方は、これも実は日本だけのいい方。オリーブオイルでもよい。

ドレッシングは作り立てがおいしい。作りおきしたいときは冷蔵庫に入れておくほうがよいが、オリーブオイルを使ったものは冷蔵庫に入れると固まった感じになるので禁物。

156 霜降《しもふ》り

↓下ごしらえ90　アクを取る①101

霜降りには2つの意味がある。
①熱湯でさっと表面だけ火を通すこと。
②目の飛び出そうな値段の牛肉、いわゆる霜降り肉。

①の意味の霜降りとは、鍋《なべ》ものなどの下ごしらえのときにいう。臭みとアクを抜き、表面のタンパク質を固めて旨《うま》みを封じ込める。ことに魚すきやちり鍋にするときは、前もって魚は霜降りをしたほうが断然アカ抜けた味になる。

②は霜がおりたように、脂肪がまんべんなく、まだら模様になっている牛肉で、〝さしが入っている〟といういい方もする。霜降り肉は、かなり煮たり焼いたりしても固くなりにくいのが特徴。

157「とろろ」とは

➡とろろの作り方130

長いも、大和《やまと》いも、山いも、自然薯《じねんじょ》などをすりおろしたもの。「とろろ」という名前のいもがあるわけではない。とろろになるいも類のことを総称して「とろろいも」などといったりもする。

いもの種類によって粘りが違う。

長いもはサラッとしていて粘りが少なく、他のものはかなりネバッ、ネットリしているのでとろろ汁《じる》にするときはかなり薄めてもよい。冷ましただし汁の入れ具合は、いもによって異なる。

マグロのぶつ切りにとろろをかけた料理を山かけという。

めんどうでも、すり鉢ですりおろして、さらにすりこぎでゴリゴリすると、舌ざわりのよいとろろ汁ができる。

とろろ汁　とろろいもはすりおろす。だしで好きなかたさまで薄める。薄口《うすくち》しょうゆで味を調《ととの》え、青海苔《あおのり》をふり、わさびを添える。

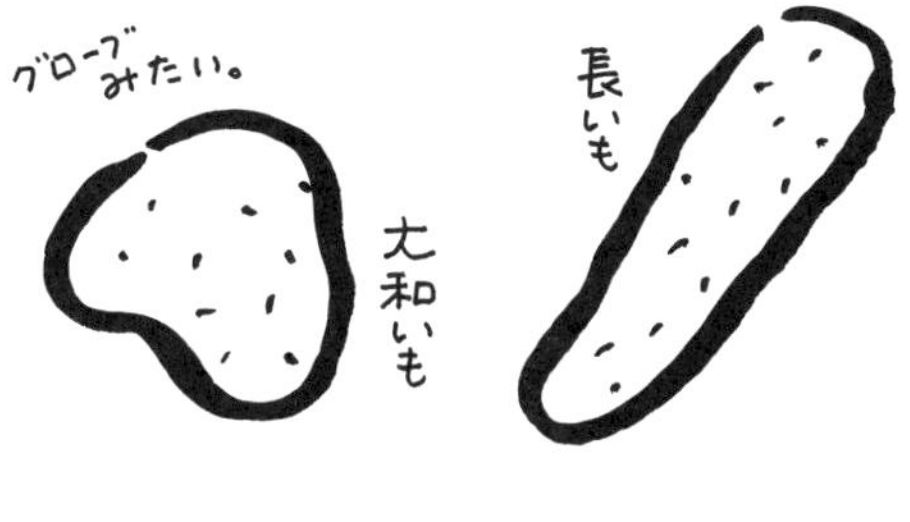

158 パスタの種類

↓パスタのゆで汁48

スパゲッティやマカロニなど、イタリアのめん類の総称をパスタという。生《なま》めんと乾《かん》めんがあるように、生のパスタと乾いたパスタがある。しかし乾いたほうが主流と思ってよい。

パスタの種類は実にたくさんある。スパゲッティにもいろんな太さがあり、そうめんのように細いのはバーミセリ、その次がフェデリーニ、きしめんみたいなのをタリアテッレとかフィトチーネという。

丸みのある平べったいものがリングィーネ。

ペン先みたいなのをペンネ、ドラム缶みたいな形で筒状のをカネロニ、大きい紙みたいな板状のものをラザニア、巻き貝をコンキリエ、車輪みたいなのをホイール、他にもリボン、アルファベット、ツイストとかいろいろある。

しかし、ここまで覚えなくとも別にどうということはない。

料理以前のちょっとしたこと

159 マドラーは実に便利

↓ぬた 191 水溶き片栗粉 189

マドラーは小さい泡立て器で、少しの量の調味料をよく混ぜ合わせるときに役立つ。ごま和《あ》えやぬたなどの和《あ》え衣《ごろも》を少人数分作るとき、麻婆《マーボー》豆腐などの合わせ調味料を混ぜるときなど、このマドラーが実に便利。

本来はカクテルを作るときに用いられているが、これがなかなかどうして、料理のときに、すこぶる重宝な道具となる。フライのとき、マヨネーズだけでは味がきついとき、牛乳を混ぜるとまろやかになる。あるいは、市販の練りごまと調味料を混ぜ合わせるときにも、マドラーがあるとないとでは大違い。少し柄《え》の長いほうが使いやすい。

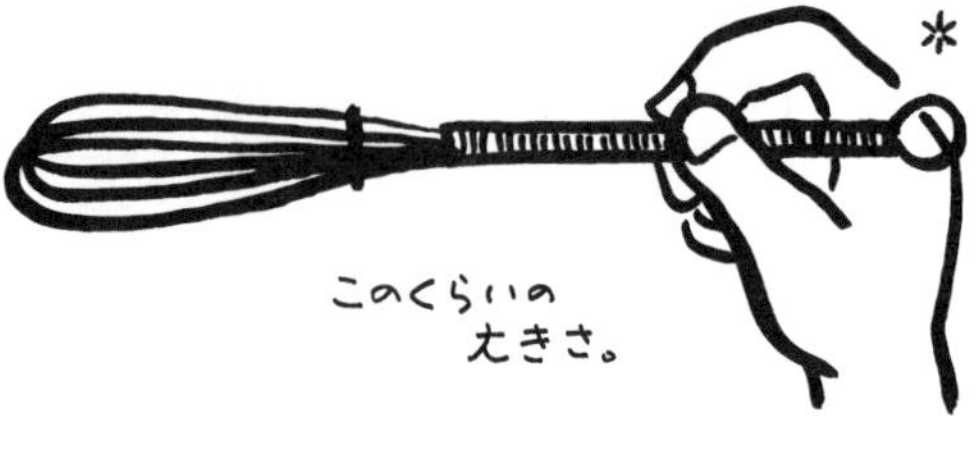

160 炊飯器の計量カップに注意！

炊飯器についている計量カップは180cc、昔の1合《ごう》である。つまり米の1カップは180ccというのが常識となってしまった。なぜか不思議な暗黙の了解になっている。もし、ふつうの料理用計量カップを使うときは気をつけなければならない。米と豆以外は200ccを1カップという。

米用の計量カップが見当たらないからと、ふつうのカップを使うと米の量も水の量も違ってくる。見た目、ほとんど変わらないのでややこしい。ほとんどの料理の本にも、米1カップが1合であるという説明はない。今後、料理の世界で再考すべきものと思う。

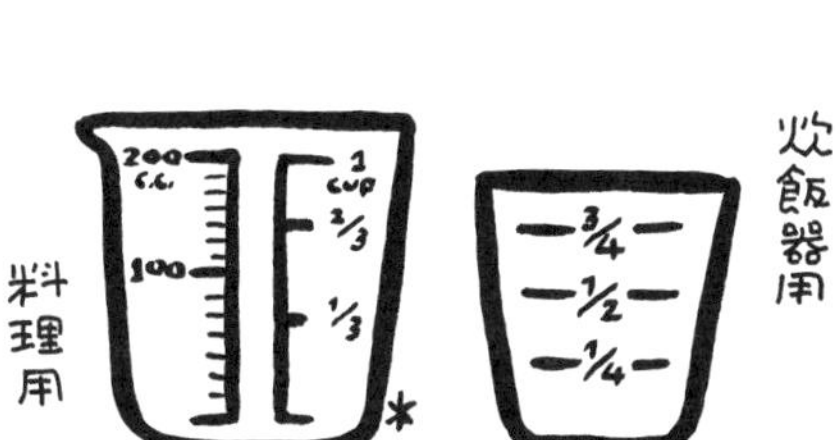

161 計量スプーンのルール

↓炊き込みご飯117

計量スプーンの大サジは15cc、小サジは5cc。
さらに小さいのが小サジ½。
つまり、大サジ1は小サジ3杯分である。
塩約小サジ½はふつうのしょうゆなら約大サジ1、
薄口しょうゆだと約小サジ2。

料理もベテランになってくると、計量スプーンなんてと、ちょっと小バカにしてる人もいるけれど、決してあなどってはいけませぬ。失敗できないとき、一発で決めたいとき（炊き込みご飯など）、初めての料理に挑戦するときは、まずその通りに計ってやってみて「なるほどこういう味か」と理解し、それから好みで調整していくとよい。近ごろ輸入雑貨がたいへん多く、計量スプーンの分量が日本のものとは違うので、買うときによく確かめること。
この計量スプーンも、世界共通にしたいものだ。

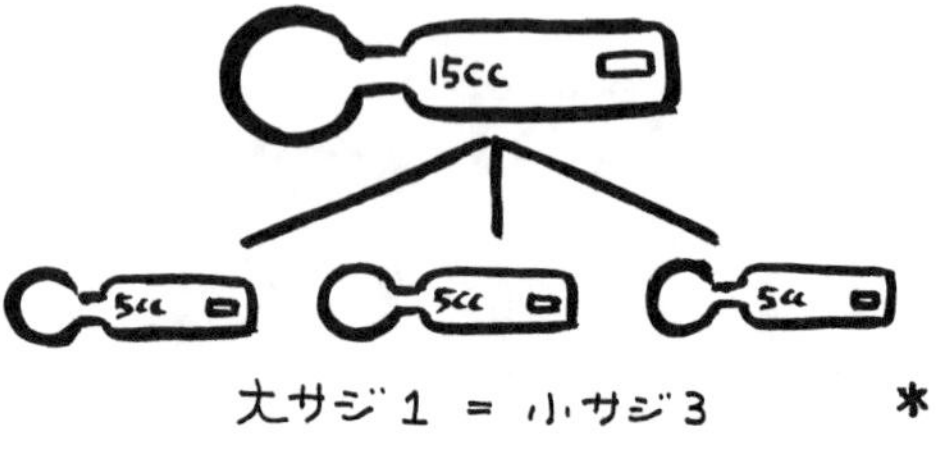

162 菜箸《さいばし》のヒモは切って使う

菜箸についているヒモは切ってよい。
なぜか？　理由は簡単。
ヒモがついていると実に使いにくい。
ヒモつきのまま苦労しながら使っている人がいるが、ぜひ切って使ってほしい。

菜箸はよく使うので汚れやすい。いつもきれいに洗っておくようにすること。それでも、たまに焼いたりもして薄汚い感じになってくるので、もったいなくても時々は交換したい。昔はお正月に新しいものと交換し、古いお箸は神社に持っていって焚《た》いてもらった（そういう日があった）。

盛りつけにも使うが、別に「盛りつけ箸」というのもあり、盛りつけをしやすいように先のほうが尖《とが》っている。たいていは料理のプロが使う。

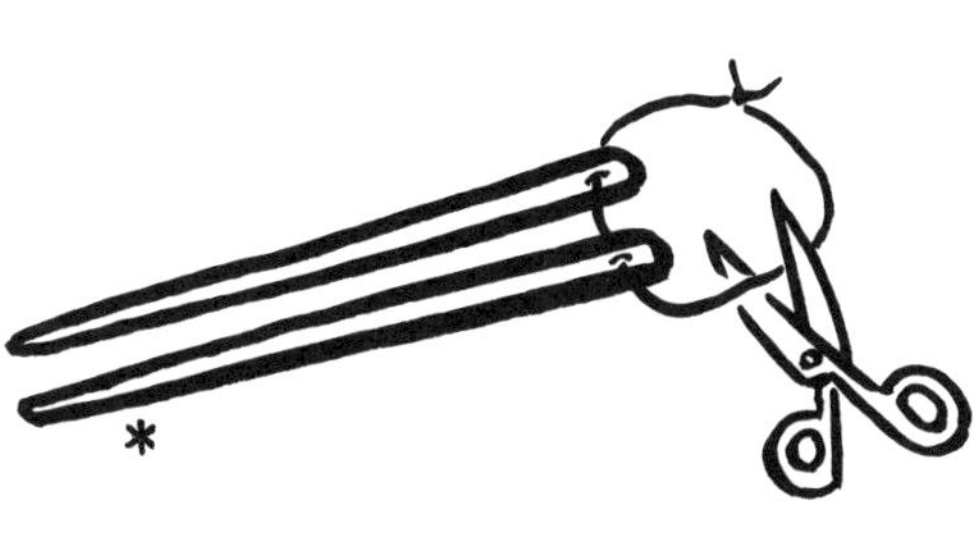

163 台布巾《だいぶきん》は数枚を交替で使う

「台布巾」とは、その名の通り、台、つまりテーブルを拭《ふ》く布巾のこと。濡らして、かたく絞《しぼ》って使うものである。食器を拭く布巾とは区別して使う。

近ごろ、若い人や飲食店で働いた経験のある人は、「ダスター」という呼び方をするようだ。布巾と区別するためだと思う。毎日使うものだから、マメに洗濯、乾燥させる。何枚かを交替で使うとよい。だが、濡れたまま、テーブルの上で一生を終える布巾もけっこういるらしい。
これはいけない。なにより不衛生である。拭いているはずが不潔にしている。毎日、必ず乾いたものを濡らしてキュッと絞って使おう。

164 シリ漏れしないしょうゆ差しを使う

シリ漏れしないしょうゆ差しはあるのか？ あります。

シリ漏れしないしょうゆ差しには、注ぎ口に不思議と共通性がある。

しょうゆ差しとは、食卓の上で使うしょうゆ入れのこと。

しょうゆ差しのシリ漏れは非常に不愉快である。

ガラスでできているものには、いいものがあるがメーカーが限られている。陶磁器のきゅうす同様、なかなかむずかしい。

昔からある市販のキッコーマンやヤマサのしょうゆ差しは、シリ漏れしない。計算しつくしてあるのだろうか。

シリ漏れしないしょうゆ差しを見かけたときは、感動的である。

165 竹串《たけぐし》はどんなとき必要なのか

竹串は台所の必需品である。
どんなときに使うかというと、
突き刺して、煮え加減・揚げ加減をみるときに使う。

箸《はし》だと大きな穴があくわりには正確にはわからない。

たとえばハンバーグを焼いているとき突き刺してみて、濁《にご》った汁《しる》が出たらまだ中が生《なま》ということ。

あるいは、突き刺した串の先が熱くなっていたら、火が通っているということ。

茶碗蒸《ちゃわんむ》しやプリンが蒸し上がっているか確かめるときも竹串を使う。

蒸し上がっていれば透明な汁が出てくるが、まだなら、濁った汁が出てくる。

ケーキの焼き上がりをみるときも、竹串を刺してベトッとした生地がついてこなければ焼き上がっている。

166 包《ほう》丁《ちょう》を買うとしたら

包丁は一生使うから安物は買わないこと。
できれば5000円以上のもので、
自分の手の大きさに合ったものを選ぶ。

刃わたり（刃の長さ）が親指から薬指、または中指の先まであるのが、使いやすい包丁の目安。

ただし、計るときは必ず包丁の背のほうに指を広げてあてる。

重くてもダメだけど、軽いと感じるのもよくない。ある程度の重さは必要。そうでないとかえって疲れる。

ステンレスの文化包丁でも近ごろはいいものが出てきたが、買うときは必ず上等のものを。安いのはペラペラしている。

包丁は家庭では一本あればとりあえずは何でもできるが、余裕があればアジ切り包丁（本当はアナゴ包丁という）なんかあるといい。アジだけでなく、鶏肉や厚切り肉を切るときにもよく切れる。

洗ったらすぐに乾いた布で水けを拭《ふ》きとること。これ大事。

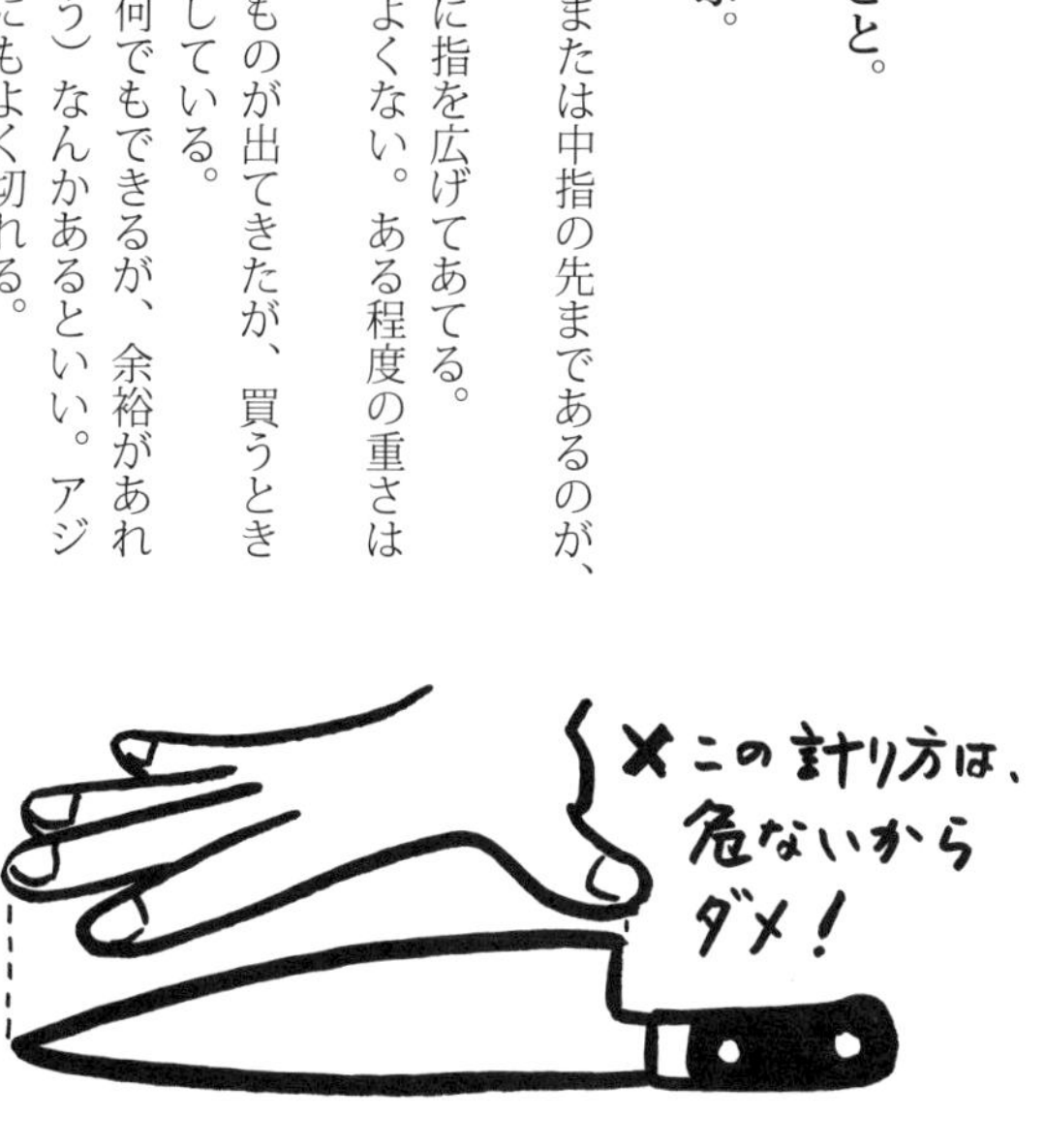

167 包丁《ほうちょう》が切れないとき

包丁を研《と》ぐことはとても大事である。なぜか？
切れない包丁は、料理の味を悪くする。

料理には切れ味といって、切り口の良し悪しが味にかかわる。たとえば、切れない包丁で切った刺身は、どんな上等の魚でもひどい味になる。きゅうりもみ、キャベツのせん切り、トマトサラダもしかり。切れない包丁はよけいな力が要《い》る。きれいに切れないので、盛りつけてもイマイチ、アカ抜けない。切り口が鋭利でないと、繊維《せんい》がズタズタになり、水っぽくなったり、生臭《なまぐさ》くなったりする。よく切れると仕上がりもきれいだし、トントン切れると気分がいいので、料理をするのが楽しくなる。
ちょっと研ぐには茶碗《ちゃわん》の底（うわ薬がかかっていなくてザラザラしている部分）でシャッシャッとするだけでも、かなり違う。

168 ホウロウ鍋《なべ》の上手な使い方

白く仕上げたいソースやホワイトシチュー、ジャムなどの酸味の強いもの、トマトソースを使ってコトコト煮込むものなどを作るときに絶好の鍋。

強火でガーッと煮たり、焼いたりするには不向きである。

ホウロウの鍋というのは、台所が華やかであったかい感じになる。残念ながら引き出物などでもらう日本製より、断然、外国製がよい。歴史が違うせいなのか。ただし、かなり重い。重いのは覚悟のうえでよいものを使いたい。長く長く使える。

おすすめは仏製の「ル・クルーゼ」。色も形も美しい。夫婦仲は持たなかったけど、ホウロウ鍋はずっと持っているという人を知っている。

洗うとき固いタワシ（特に金属）は厳禁。できれば湯を使い、ホウロウ鍋用のブラシで洗いたい。もし、こびりついたら湯を入れて、はがれやすくする。

169 ご飯とお椀《わん》の並べ方

日本の食卓の場合、
基本はご飯が左、椀ものが右。
箸《はし》は手前に、柄《え》（持つほう）を右にそろえて置く。

ただし、この置き方のまま食べやすいのは右利きの人に限る。

左利きの人は食べるときに反対にしてもいい。

うるさい人も世の中にはいるので、食べにくいときには「左利きなんで失礼します」と一言そえるとうるさい人も黙る。

けれども、おすしや丼《どんぶり》ものなど、器をめったに持ち上げない食事のときは、お椀は左のほうが、はるかに食べやすい。このときも客人には「このほうが食べやすいので」と一言そえるといい。

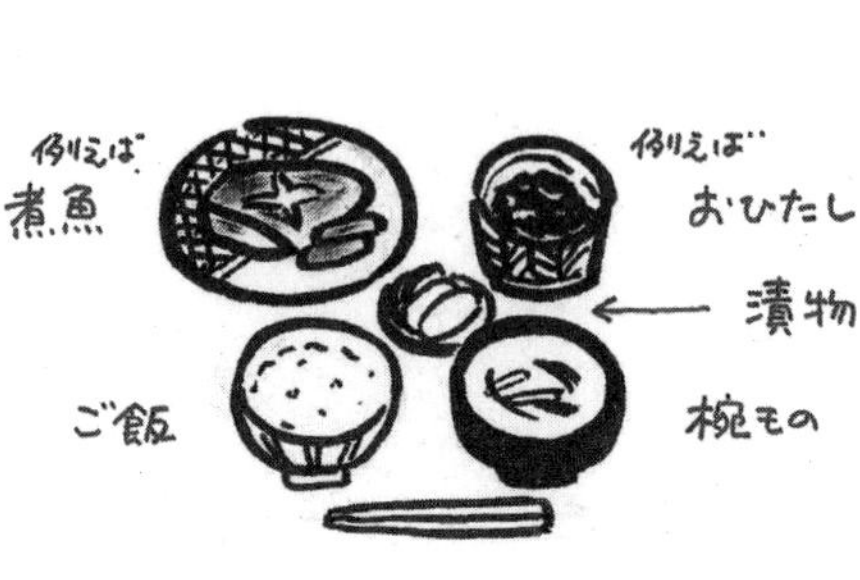

170 木の椀《わん》の手入れ法

汁《しる》ものは、木のお椀で食べるとおいしい。プラスチックは、どれだけうまく木の椀に似せても熱い汁を入れてすぐ持つと熱くて持てない。味だけでなく、手に持ったときのほどよい温《ぬく》もり、口に当てたときのやわらかい感触も、木のお椀でしか味わえない。


塗りものを洗うときは絶対にたわしで洗ってはいけない。傷がつく。ぬるま湯でスポンジか布巾《ふきん》を使い、ていねいに、とても大事なものを扱う気持ちで洗おう。そしてすぐに拭《ふ》く。

気をつけたいこと。お雑煮《ぞうに》の餅《もち》は直接椀に入れないこと。少し汁を入れてから入れる。なぜか？　餅がくっつくとなかなかとれないから。もしとれないときは、ぬるま湯をお椀に入れて、くっついている餅をふやかすといい。

塗りの匂《にお》いが気になるときは、米びつの中に一日入れておくとよい。

171 箸《はし》の持ち方は大事

箸を正しく持てない人が多くなった。
子どもが箸を持ち始めたら、
早いうちに、うるさすぎるほどいっても、
正しい持ち方をさせること。
食事は1日3回、一生続きます。

大人になって社会に出ると、いろいろな場所で食事をする機会が増える。そんなとき箸をキチンと持てないと、カッコ悪い。なぜか？箸でつまんだり、切り分けたりが上手にできず、こぼしたり、食べるのに時間がかかったり、あるいは、変に力が入ったりする。

また、ちゃんと持てないと、自分の子どもに教えることはできない。

大人になっても、本気で直したいと思えば、直すことはできる。

うちの男性スタッフは24歳のとき1週間で直し、ある女性スタッフは34歳のとき4ヵ月かかって直し、魚が上手に食べられるようになった。

6

今さらだれにも聞けないソボクな疑問29

172 旬《しゅん》とは

旬とは、本来、
その季節になると出てくる食材である。
果物、野菜ばかりでなく、
卵や魚にも旬がある。

『広辞苑』によると、魚介、野菜、果物などがよく熟して味のもっともよいとき。自然の流れにさからわずに育つので、肥料なども少なくてすみ、体にいい。

また収穫のピークでもあるので、値段が安く、栄養があって、おいしいと三拍子そろっている。

暑いときはきゅうり、トマト、レタス、スイカなど、体を冷やす食材。寒いときは、大根、れんこん、ゴボウなどの根菜、体を温める食材というように、旬は自然の恵みである。ちなみに卵の旬は春から夏である。

173 長ネギの青いところは食べられるのか

↓ネギじょうゆ／チャーハン118
長ネギの切り方30　桜エビ168

答えはＹＥＳ。

長ネギの青いところは食べられる。

ただし、固い。


細かく刻んでしょうゆに漬けただけのネギじょうゆは、ちょっとしたものを飛び切りうまくする。

チャーハンや中華風スープの仕上げに1人分小サジ1杯くらいを使うとたちまち、本格的な味になる。

また、青い部分を小口《こぐち》切りにし、桜エビ少々とカキ揚げにするとこれまたうまい。天ぷらの衣《ころも》はぼってりめにつけて、ゆっくり揚げる。

塩だけで食べるとビールが飲みたくなる。

174 ブロッコリーの軸は食べられるのか

↓ブロッコリー／オーロラソース47

皮を厚くむいて食べよく切れば、一緒に食べられる。ブロッコリーの旬《しゅん》は春と秋である。

ブロッコリーは、ほっておくと黄色くなって花が咲き、まずくなる。保存は新聞紙で包んで冷蔵庫に。それでもすぐに黄色くなる。もっともよいのはできるだけ早く食べてしまうこと。さっとゆでてから冷蔵すると2～3日持つ。冷凍できるがこれは1週間くらい。

時々、紫色っぽいのがあるが、古いのではなく、お日様がよく当たっているため。きれいな緑色のものよりむしろ味もよく、カルシウムも豊富。

どんなジャンルの料理でもOK。おひたしによし、クリームシチューに入れてよし、肉との炒《いた》めものにも。ゆでてマヨネーズかオーロラソースをつけてというのがもっとも簡単な食べ方。

175 アスパラガスは どこまで食べられるのか

グリーンアスパラガスは、すべて食べられる。ただし、根に近い部分はスジっぽいので皮をむく。

ただし皮を包丁でむくと、アスパラガス本体の実《み》がなくなるおそれあり。皮むき器で薄くむくほうがよい。たしかヨーロッパには、アスパラガス専用のピーラーがあった。固いスジが残らないようにていねいにむくこと。

ゆでる、炒《いた》めるというとき、固いほうから順に少し時間差をつけて加えると、同じ歯ごたえに。おかかをかけたおひたしはおすすめ。

春から初夏の旬《しゅん》のときはやわらかいので、下ゆでせずにバターやオリーブオイルでいきなり炒めたのは格別。卵と一緒に炒めるのもいい。天ぷらもうまい。

アスパラと卵の炒めもの アスパラガスは4等分に切る。卵を油でフワリと炒め、取り出す。油を足し、アスパラを炒め、塩こしょうし、卵を戻し混ぜて出来上がり。しょうゆをちょろっとかけて食べる。

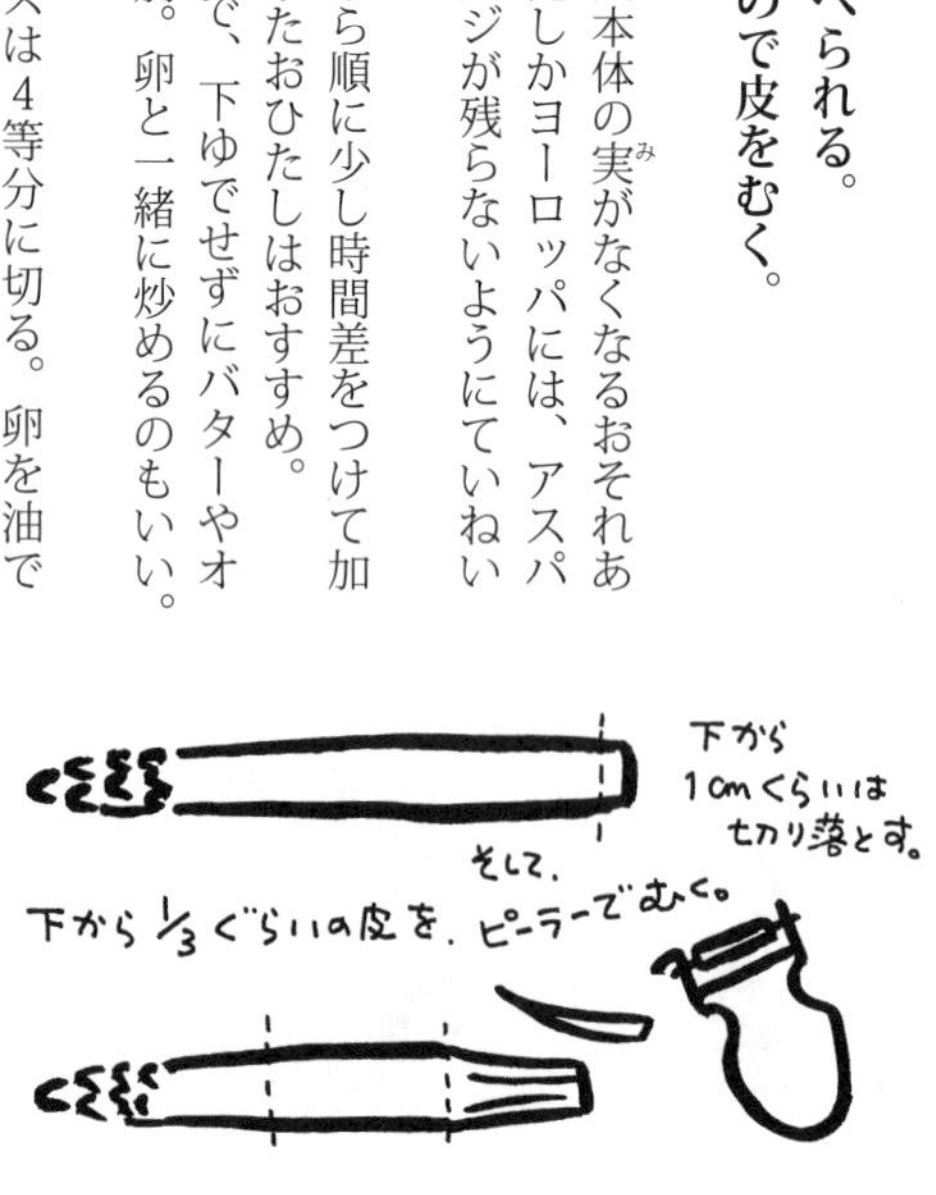
下から
1cmくらいは
切り落とす。
そして、
下から1/3ぐらいの皮を、ピーラーでむく。

176 セロリの葉は食べられるのか

セロリは、葉も茎《くき》も全部食べられる。ただし、セロリの茎のスジは、むいたほうが食べやすい。

セロリは香りが強いので、好きと嫌いに大きく分かれる野菜。生《なま》で食べることが多いが、煮ても、炒《いた》めてもいい。ベーコンと相性がよく、大きめに切って、じっくり煮たのは実においしい。このときは葉も加えるが、あまり多いとくどくなる。

葉はシチューやスープ類の香りづけに使うといい。

セロリの葉のキンピラ　葉を刻んでさっとゆで、ごま油で炒めて酒としょうゆで味をつけ、いりつける。白煎《い》りごまをふる。最高！

セロリとベーコンのじっくり煮　セロリ2本はスジをピーラーでむき、5～6㎝の長さに葉も茎も切る。鍋《なべ》に入れ、水をかぶるほど加え、固形ブイヨン1個、ローリエ1枚、ベーコン2枚、ふたをしてコトコト20分煮る。

177 きのこはどこまで食べられるのか

↓干し椎茸のもどし方52

きのこの根っこの部分を石《いし》づきという。噛《か》みにくい、食べてもおいしくない部分のことで、生《なま》のきのこは、石づきをわずかに切り落とせば、軸もほとんど食べられる。

椎茸《しいたけ》、えのき、しめじ、舞茸《まいたけ》、エリンギなど、きのこの種類はとても多い。ただし、干し椎茸の石づきは、水でもどしたあとはやわらかいが、もどす前はキッチンばさみのほうが切りやすい。

エリンギのアーリオ・オーリオ　エリンギは食べよく切る。オリーブオイル、丸のままの赤唐辛子《あかとうがらし》、にんにくの薄切りを火にかける。香りが出たら、エリンギを加え、塩こしょうし、炒《いた》める。

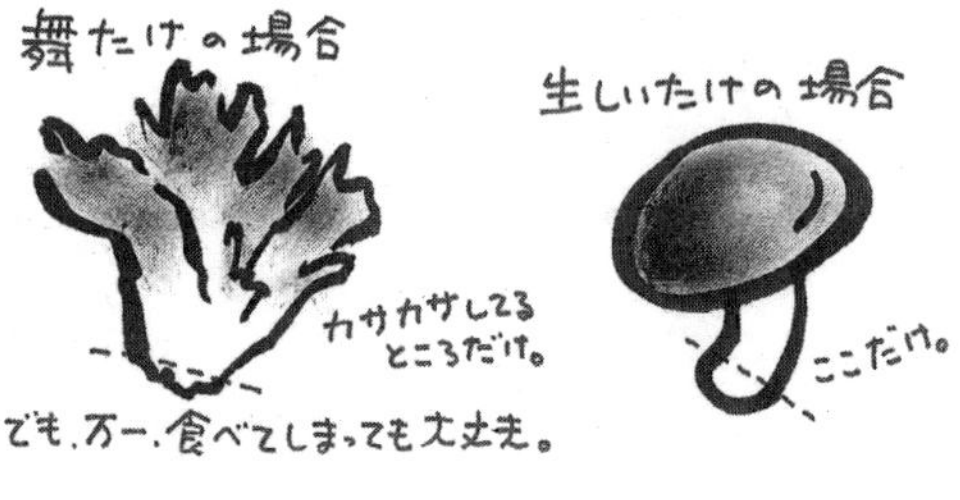
舞たけの場合
カサカサしてるところだけ。
でも、万一、食べてしまっても大丈夫。
生しいたけの場合
ここだけ。

178 塩少々とはどれくらいか

↓甘酢あん190

いわゆる、ほんの少しの量。
計量スプーンでは
小サジ1/4以下の量のこと。

はっきり塩味というほどではない。が、しかし、塩を入れないと間《ま》の抜けた味になる、というのが〝少々〟のポイント。

たとえばカニ玉を焼くとき、あとで甘酢《あまず》あんがあるからと卵の中に塩少々を入れ忘れると、なんか間が抜けた味になる。

ソテーやムニエルの場合も、焼く前の肉に塩少々をしないと、あとでいくら味をつけてもどこかピンとこない。

塩は指でつまむが、指の太さにもよるが2本指だと少ないので、まずは3本指でつまむとよい。

179 しょうが一片《ひとかけ》とはどれくらいか

↓繊維を切る27　繊維にそって切る26
下味91　薬味182

大人の親指の第一関節の大きさくらいをいう。男女の指の差は大したことではない。中国料理や日本料理だけではなくなくてはならない「スパイス」です。

しょうがの皮をむくとき、むかないときがあるが、煮魚《にざかな》とか炒《いた》めものなど、生臭《なまぐさ》み消しや香りを強く必要とする料理には、皮はついたまま、繊維《せんい》を断《た》つように薄切りにする。

しょうが汁《じる》として使う場合（鶏《とり》の唐揚げなど）も皮のままですりおろして絞《しぼ》ればよい。下味が大切だといっても、入れすぎるとクスリ臭くなるので注意。

料理の種類やしょうがの辛《から》さ具合によっては、皮をむいておろすほうがいい。

「針しょうが」は皮をむいて繊維にそってごく細くタテ切りにする。水にさらすかどうかはひと切れ食べてみて、自分の好みで決める。

180 にんにく一片《ひとかけ》とはどれくらいか

1個のにんにくの一房《ひとふさ》を一片という。大きいのもあれば小さいのもあるので、大きすぎると思えば半分にし、小さすぎると思えば2個使えばよい。

「まず初めににんにくを炒《いた》めて……」という料理はとても多いが、にんにくは焦げやすいのでご注意。焦げたにんにくの入った料理はおいしくない。

たとえば、にんにくの次に肉を炒めるとき、鍋《なべ》は熱するが、油を入れるやいなやにんにくを加える。なぜか？　油が熱いと、にんにくはすぐ焦げるから。

油のぬるいうちに加えたにんにくがプーンといい香りになってきたら、肉を加えて炒めるという具合にするとうまくいく。

にんにくは、根・軸からはずしてバラバラにして保存したほうがよく持つ。そのままだと芽が出て中身がスカスカになりやすい。

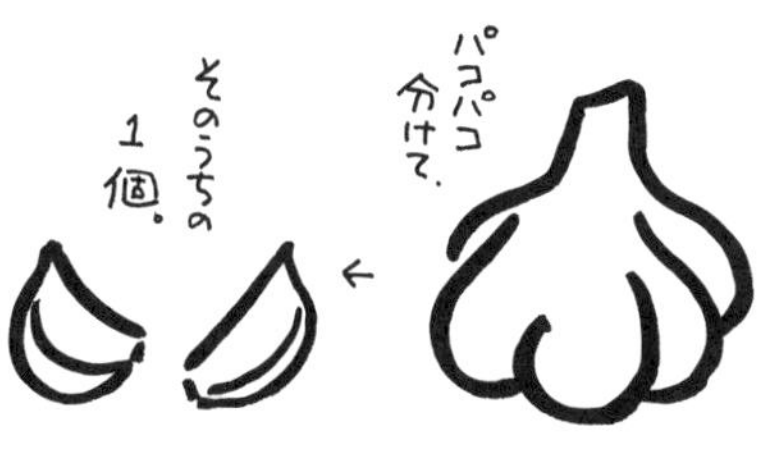

181 適宜《てきぎ》・適量とはどれくらいか

↓塩こしょう92

適宜・適量とは、必要なときに、食材に対してちょうどいい量のこと。料理の中ではとても便利なことばで、いちがいに分量を出せない、あるいは、出しにくい場合に使う。

たとえば揚げもの。その人の持っている鍋《なべ》の大きさによって、使う油の量も違う。そんなとき「油、適量」という。たとえば生鮭《なまざけ》のムニエルを作る場合。鮭の大きさ、厚さによって、使う塩・まぶす小麦粉の量はいちがいにいえない。こしょうも、たくさんかけるのが好きな人もいるし、少しかけても辛《から》い！　という人も。シチューの仕上げには、塩・こしょうを入れて味を調《ととの》える。味をみてちょうどよければ、入れる必要のないときもある。こんなときも「適宜」と表現される。

182 たらこ一腹《ひとはら》とはどれくらいか

たらこは2本でワンセットである。それを一腹という。だから、1本は½腹。売られている形態をよく見るとわかる。2本が寄り添うようにくっついて売られている。

たらこは買ってきたらなるべく早く食べ切ること。せいぜい1週間くらい。すぐに食べられないときは小分けしてラップに包み冷凍しておくとよい。

たらこは「スケソウダラ」の卵。「たらこ」とか「塩たらこ」とあれば塩漬けしたものを指す。「生《なま》たらこ」とあれば塩漬けされてないもので、甘辛《あまから》く煮て食べるとうまい。

「辛子《からし》明太子《めんたいこ》」は塩漬けたらこに韓国のコチジャンや唐辛子《とうがらし》で辛く味つけしたもので、近ごろはこちらのほうが人気が高い。

いずれも、生か焼くかして食べる。

生たらこに酢をかけてもおいしい。

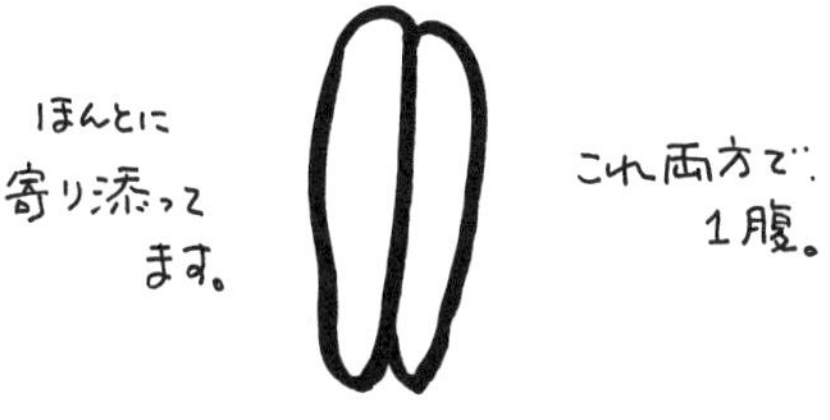

183 魚の一冊《ひとさく》とはどれくらいか

おもに刺身用のマグロによく使われている用語である。たらこ一腹《ひとはら》、イカ一杯《いっぱい》、豆腐一丁《いっちょう》というように、一冊というのも昔からの決まり事のようであるが、日本語はむずかしい。

冊に切ってあるものは、頭もハラワタも骨もない。だいたいマグロを一冊買うと、ふつう刺身の3人分くらいの量なので、ひとり暮らしや4人暮らしには、多すぎたり足りなかったりして困ることも多いのがこの一冊状態である。鉄火丼《てっかどん》に使い、残りはマグロとわけぎのぬたにすると上手に使い切れる。

ただし、カツオの場合は一節《ひとふし》という。カツオの半身をさらにタテ2つに切った¼尾分のこと。

マグロの漬け丼《づけどん》 マグロはしょうゆに漬け込み冷蔵庫へ。時間は10分でも一晩でもよし。ホカホカご飯に刺身、おろしわさびともみ海苔《のり》をたっぷりかけて。

1さくで
だいたい
鉄火丼3人前
とれる。
1さく

184 ゴボウの皮はむいたほうがいいのか

↓こそげる107
ささがきゴボウ40

原則として、ツルツルにはむかない。
皮にこそ香りがあるから。

お正月のおせちのたたきゴボウのときのみ、仕上げを白くしたかったら薄くむく。

たわしで泥をゴシゴシ洗い、ヒゲヒゲと黒っぽいポチポチがあればこそげる。

洗って切って白っぽくさらしたものがビニールの袋に入れて売られていることが最近は多いが、香り、歯ごたえ、ともに無漂白のゴボウのほうが比較にならぬほどうまい。

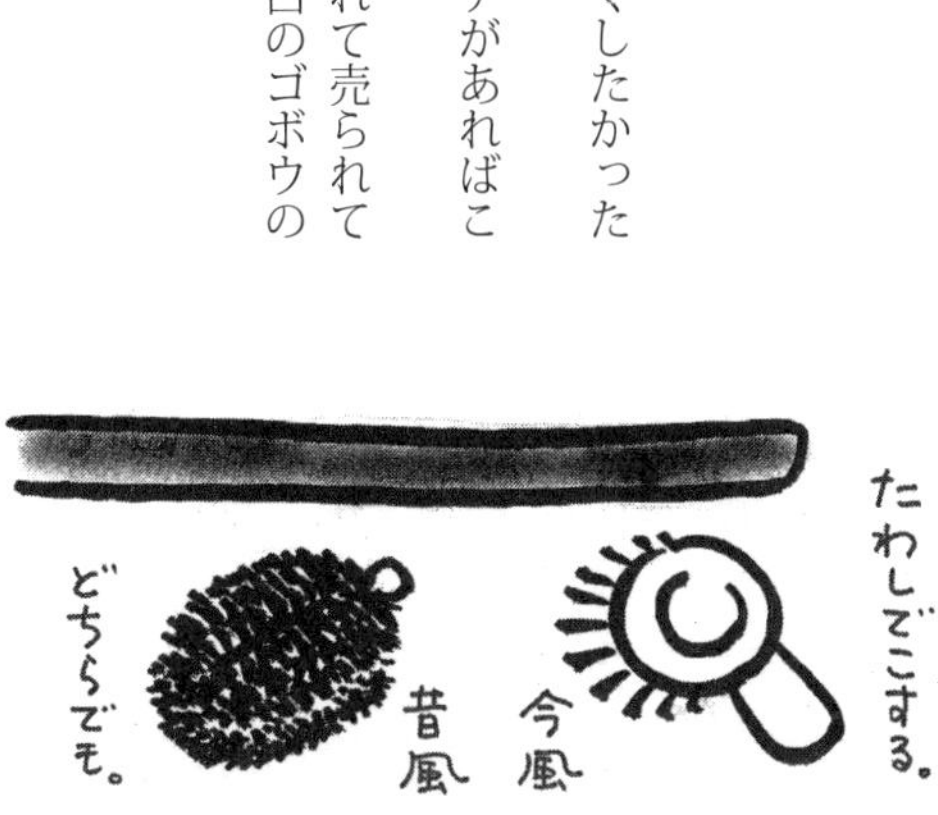

185 かぼちゃの皮はむいたほうがいいのか

↓ヒタヒタの水82

皮はきれいに洗えば、むかなくてもよいが、少し苦《にが》みがあるし、固い場合がある。少しむくという手もある。これは好きずきである。

日本かぼちゃは水っぽくてねっとりし、固いので煮るのには時間がかかる。また味も淡泊《たんぱく》なので、だしが必要なこともある。お菓子（パンプキンパイ、プリンなど）には向かない。

現在の市場のほとんどをしめる西洋かぼちゃは、栗かぼちゃといえるくらいだからホクホクして甘く、砂糖やしょうゆが少なめでも水だけでもおいしく煮える。時間も10分ほどで火が通る。

なんでも昔の野菜を懐かしむ傾向があるが、かぼちゃに限っては現代の西洋かぼちゃは料理しやすくてなかなかおいしい。

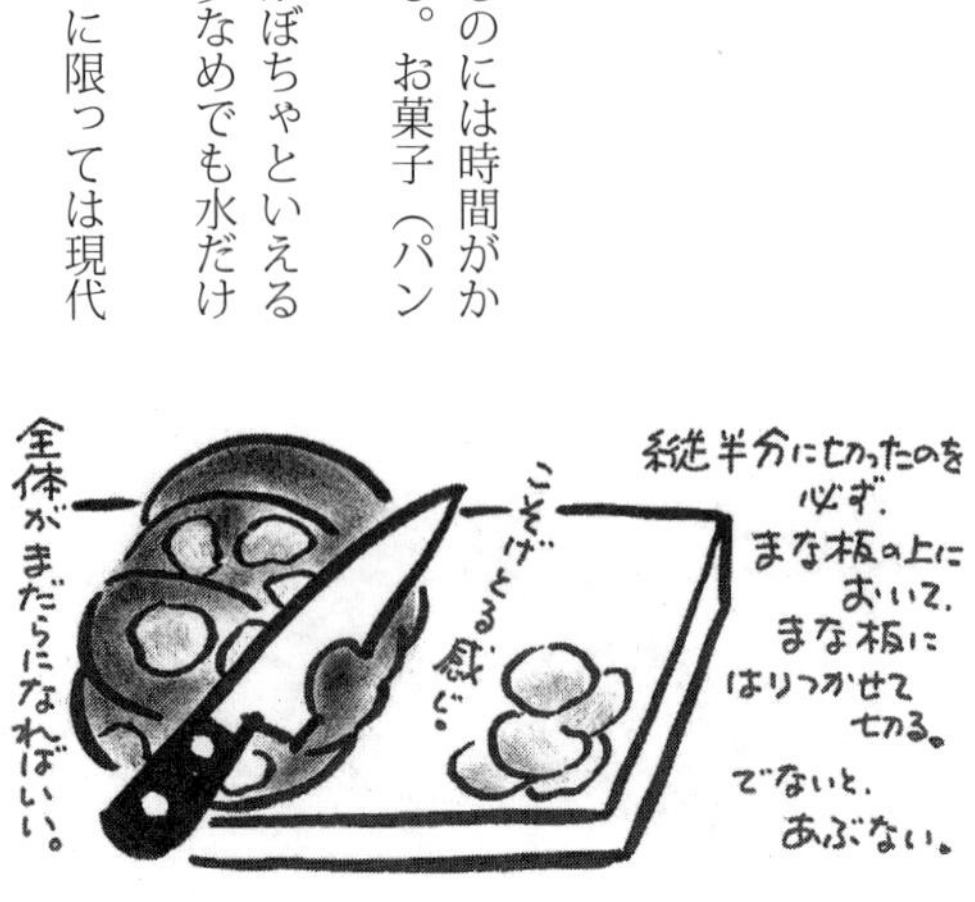

186 七味唐辛子《しちみとうがらし》はどれくらい持つのか

↓薬味182　山椒166

**よくこんなに辛《から》いものの中に!!
実は、唐辛子は虫がわきやすい。
古くなると香りが逃げやすく、
色も味も褪《あ》せてくる。**

そのため、ビンのまま冷凍庫か冷蔵庫に入れておくとかなり持つ。それでも長く置くと味も香りも確実におちる。

七味唐辛子とは、日本的な香りのスパイス7種類を取り合わせた薬味のこと。合わせる割合はそのメーカーや店によって違うので、味も香りも当然違う。

七味というのは、赤唐辛子、黒ごま、麻の実《み》、粉山椒《こなざんしょう》、陳皮《ちんぴ》（柑橘《かんきつ》系の皮を干したもの）、青海苔《あおのり》かしそ、けしの実の7種。

お祭りのときなど、よく唐辛子屋さんの出店が出ているので、そんなときは好みの配合をしてもらおう。

187 魚の背と腹《はら》はどうやって見分けるのか

↓血合い197　焼き照り123

わかりやすくいえば、人間と同じく魚もおなかに脂肪がたまりやすい。人間の脂肪は困るけど、魚の場合は、「脂《あぶら》がのる」といって、うまいものが多い。よって、魚の腹側を腹という。

たとえばブリの切り身を買いに行くと、背と腹の2種類ある。きれいな形で、たいていは血合いがあるのが背。ハラワタを取り去ってある腹は、そのぶんえぐれているので背より細身である。

塩鮭《しおざけ》のひと切れというのは背と腹と一体化してひと切れという。あの細いほうが腹で、けっこう脂がのっている。

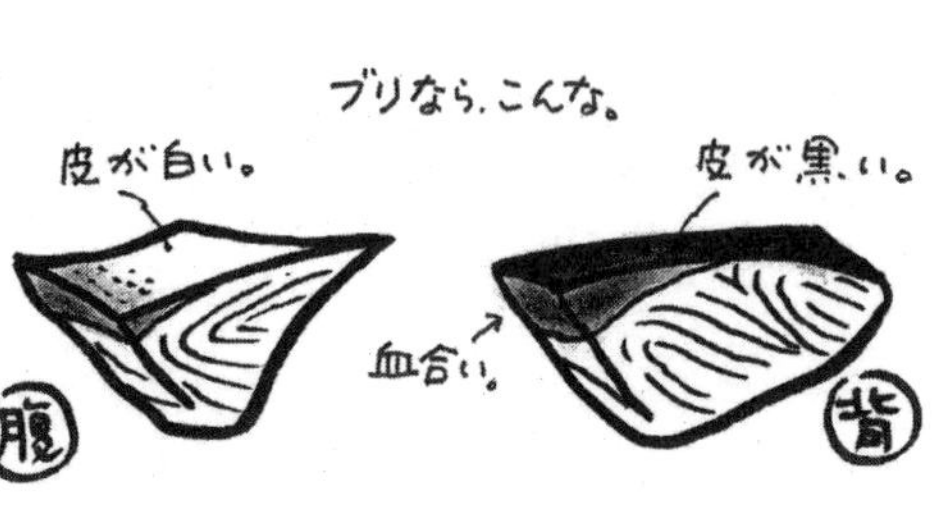

188 鉄と樹脂《じゅし》加工のフライパンはどう違うのか

フライパンは、なんといっても黒い鉄製が一番。なぜか？　理由はいたってシンプル。おいしく出来るからである。が、鉄と樹脂との両方を使い分けするのがいい。

樹脂加工のフライパンは、焦げつきにくく、油も要《い》らないということで一躍主流になってしまったが強火には使えない。特に炒《いた》めものや、焼きつけるもの、卵料理などのときに違いが出る。ステーキやソテー、脂肪の多い肉を炒めるときなど、出た脂《あぶら》は行き場がないのでもとの肉のほうへ戻り、脂っぽくなる。チャーハンやピラフなどパラリと仕上がるが油っぽくなるのは否《いな》めない。

しかし、樹脂加工にはそれなりのよさがある。まず手入れが簡単。味は別として、焦げつきにくいので焼くものも炒めものもたいていはうまくいく。たとえばソース焼きそばなど、鉄製では量が多いとたいていくっついてしまう。

189 インスタントのだしと本物のだしはどう違うのか

➡インスタント＋αのだし62

インスタントのだしと
本物のだしとの大きな違いは、
「香り」である。
残念ながらインスタントのだしは、
いい香りがしてこない。

今や、和風のだしの素《もと》が全盛の時代であるが、昆布《こんぶ》ひと切れを加えるだけでも、香りが出てきて、うんと味が違う。あるいは、カツオ節《ぶし》をそのままもんで少し加えるだけでも違う。
インスタントのだしで私がもっとも多く使うのは、洋風の固形ブイヨンである。なぜなら和風のだしはきちんととっても2〜3分だが、洋風のスープは2〜3時間かかるので。

『190 マーガリンはバターの代わりになるのか』

バター風味と称するマーガリンがあるが、バター風味の香料を添加しているのであり、ケーキやクッキーなどで、バターの代用にはならない。ホットケーキにつけるのも絶対にバター。

バターは牛乳から作る。つまり動物性で実に風味がよい。カロリーが高いからとマーガリンにする人がいるが、カロリーはほとんど同じ。クロワッサンは、バターとマーガリンのどちらを使っているかで味が決まる。バターには有塩と無塩があり、ふだんトーストに塗ったり、料理に使うのは有塩である。

バターを使うときの注意。バター炒《いた》めやバター焼きをするときは、フライパンに先に入れてから火をつけること。フライパンを熱してからだとすぐ焦げてしまうし、風味もおちる。これ大事。

酸化が早いので必ず冷蔵庫で保存。特売でも買いだめしないこと。

191 男爵《だんしゃく》いもとメークインはどう違うのか

↓肉じゃがの作り方121
じゃがいものゆで方44

たとえばサラダの場合。

シャッキリ感がいいときにはメークイン。

ホックリ食べたいときには男爵がよく合う。

マヨネーズ味のおなじみのポテトサラダは男爵がいいが、ドイツ式のベーコン入りポテトサラダはドレッシングで和《あ》えるので、メークインのほうが好き。


男爵いもは、少しデコボコしてにぎりこぶしのような形のじゃがいも。水分が少なくホコホコしているので、肉じゃが、コロッケ、マッシュポテト、粉《こ》ふきいもに向く。

メークインは楕円《だえん》形で、表面があまりデコボコしていない。皮がむきやすいので急ぐときに重宝。煮くずれしにくいのでシチューや煮込むもの、みそ汁《しる》の具にも便利。粉ふきいもには適さない。

192 ひやむぎとそうめんは どう違うのか

↓そうめん49　薬味182
しょうが164

ひやむぎは、そうめんよりもひと回り太い。油を全然使っていないので、そうめんよりも、サラッとした味である。


ひやむぎはごく細いうどんと思っていい。

そば屋のひやむぎの上にのせてある真っ赤な色のサクランボは、イラナイ。

そうめんのつけ汁《じる》は断然薄口《うすくち》しょうゆで調味したほうが合うが、ひやむぎは濃い口しょうゆのつけ汁でも合う。

薬味《やくみ》はひやむぎ、そうめんともに青じそ、おろししょうが、みょうが、細ネギなど。

193 絹ごし豆腐と木綿《もめん》豆腐はどう違うのか

↓洗いごま、煎《い》りごま、摺《す》りごま244

好みによるが、絹ごし豆腐は舌ざわりがなめらかなので、吸いものや、冷《ひ》や奴《やっこ》に向く。
木綿豆腐は形がしっかりしているので、揚げ出しやステーキ、煮もの、白和《しらあ》えに向く。

作りたてほど香りも味もいい。豆腐屋さんから買ってきたらすぐにパックから取り出し、きれいな冷たい水に放《はな》ってから使うとよりおいしい。スーパーマーケットのパック詰めの豆腐は、そのまま冷蔵庫に入れておくほうが日持《ひも》ちする。ただし、これも使うときはパックから取り出し、水に放ってから。

水がおいしくてよい豆が獲《と》れるところの豆腐は当然うまい。地方によって大きさもやわらかさも違う。

水切りするときは固く絞《しぼ》った濡れ布巾《ぶきん》（ペーパータオルでも可）に包み、まな板や皿などをのせておくのがよい。

194 おからと卵《う》の花《はな》はどう違うのか

おからとは、豆腐を作るときに出る絞《しぼ》りカスである。カスであるが、ただのカスではない。上質な食物繊維《しょくもつせんい》たっぷり。食べないともったいない。

おからを料理したものは「おから」とも「卯の花」ともいうが、調理前のおからを卯の花とはあまりいわない。

元来、おからは豆腐屋さんでしか売っていなかったが、今ではスーパーのほうが手に入りやすかったりする。

おからは生鮮食品なのでいたみやすいが、スーパーのパックはよく持つ。冷凍でも保存できるので、すぐ作らないときは冷凍庫がよい。

おから　細切りの人参《にんじん》やささがきゴボウなどの野菜を、油でさっと炒《いた》めてだしを入れる。薄口《うすくち》しょうゆ、みりんで味をつけてからおからを入れて中火で10分ほど煮る。仕上げにたっぷりの小口《こぐち》切りネギを加え混ぜると、おから独特の匂《にお》いが消え、味もよい。

195 おじやと雑炊《ぞうすい》はどう違うのか

↓おかゆ119　へぎ柚子183

おじやと雑炊はどこが違うか？

実はどこも違わない。いい方が違うだけである。


ちなみに「おかゆ」と違うのは、炊いたご飯を使うことと、野菜やら魚肉などが入っていること。

おじやは薄味のほうが最後までおいしく食べられる。ひと口目でおいしすぎると（塩分がばっちり足りてるという意味）、しつこくなってたくさん食べられない。だしとご飯の割合は大体1対1である。ご飯は水でさっと洗ってからのほうがさらりと仕上がる。

カニ鍋《なべ》やカキ鍋をしたとき最後に残るスープでの雑炊は、へぎ柚子《ゆず》の香りで食べると最高にうまい！

卵雑炊　だしに薄口《うすくち》しょうゆ、酒で味つけする。ご飯をだしと同量くらい入れ5分ほど煮る。ご飯がふくらんだら、溶き卵を回しかけ、ふたをして火を止め1分蒸《む》らす。薬味はおろししょうが、三つ葉、ネギなど。

196 もち米とふつうのお米はどう違うのか

↓炊き込みご飯117

ふつうのお米（うるち米）に比べて、もち米は炊いたときに粘りけがあり、炊いているときの香りも違う。見た目は、やや透明感のある米に対し、より白い。

お赤飯やおはぎ（ぼたもち）のお米を炊くときも、このもち米を炊く。100％もち米にする場合と、ふつうの米を少しプラスして混ぜて炊くのと、それは好きずき。

豆ご飯やさつまいもご飯、栗ご飯のとき、全体の¼量ほどもち米を加えるとつなぎになって食べやすく甘みも出る。

常備しておくと便利だが、米同様に古くなるとおいしくないので、小さい袋を買い、買ったらなるべく早く使うこと。

本格的に蒸《む》すときは、2～3時間水に浸してから使わないと、きれいにふっくら蒸せない。

197 洗いごま、煎《い》りごま、摺《す》りごまはどう違うのか

↓ほうれん草のゆで方42
和える103

**煎って火を通し香《こう》ばしくしたのが煎りごま。

それを摺ったのが摺りごま。

なんにもしていないのが洗いごま。**


洗いごまは、火が入っていないのでそのまま食べてもおいしくない。しかし、ごまを衣《ころも》にして、それを油で揚げるごまだんごのような料理には、絶対にこの洗いごまを使う。つまり生《なま》のごまである。

煎りごまは、そのまま使ってもいいし、半摺りやすり鉢《ばち》で摺ってごま和《あ》えにしてもいい。

自分ですり鉢で摺った摺りごまはおいしいがめんどうなときもある。市販の摺りごまがあると、白和《しらあ》えやごま和えを作るときに便利。そばやうどんのつけ汁《じる》にふってもうまい。これも封をあけたら早く使い切らないと、味も風味も悪くなる。

198 黒ごまと白ごまは どう使い分けたらいいのか

黒ごまでなければいけないと思えるもの。
お赤飯、大学いも、さつまいもご飯。
理由はともかく、昔からそうである。
黒ごまの代用は白ごまでもできるが、
その逆はむずかしい。
白ごまはかなり協調性がある。

菜っぱで白ごまが合うもの、黒ごまが合うものという使い分けは、なかなかむずかしい。たとえばほうれん草のごま和《あ》えは黒でも白でも好きずきだが、春菊のごま和えはなぜか黒ごまのほうがよく合う気がする。白《しら》和《あ》えはもちろん白ごまである。

ごまの保存方法は開封したら早く使い切ること。1回に使う量はたかがしれているので、大きい袋やため買いはしないほうがいい。

日本のおやつ、だんごは、黒ごまのあんが主流である。

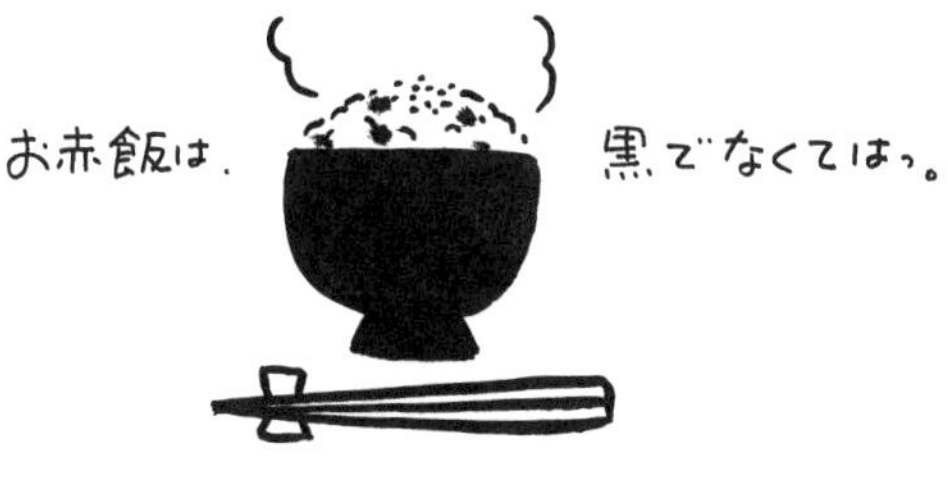

199 溶き辛子《がらし》とマスタードはどう違うのか

溶き辛子は和辛子粉をお湯で溶いたもの。マスタードは洋辛子粉を練って塩・酢・香辛料を加えてあるもの。


和辛子は少し苦《にが》みがあり、おでんには断然、和辛子である。おでんにマスタードは合わない。また、ぬかみそのぬか床《どこ》に入れるのも和辛子の粉である。

サンドイッチに塗るのは絶対マスタード。和辛子はいけませぬ。

洋辛子は和辛子に比べると、辛《から》みのみで苦みはない。

納豆には昔は和辛子を入れていたが、最近の納豆にはマスタードがついていることが多い。どちらでもおいしいと思う。

マスタードはメーカーによって色も味も違う。

粒マスタードというのは、辛子の種子《たね》がそのまま入っているもので、これはゆでたフランクフルトや上等のソーセージによく合う。

『200 木とプラスチック、まな板はどっちがいいのか』

トントンと切っていて気持ちのよいのは木のまな板。プラスチックのまな板のよさは汚れがしみにくいこと。まな板は重いので、年齢とともに扱いがたいへん。桐《きり》のまな板の出現はありがたい。


まな板は、使ったらゴシゴシ洗って乾かしておく。清潔が第一なので、時々は日光浴させる。ただし、干しっぱなしだとひび割れるので、乾いたらすぐしまう。干しすぎには気をつけること。まな板を使うときは、固く絞《しぼ》った濡れ布巾《ぶきん》を下に敷いてからまな板を置くと切っているときずれない。今はシリコン製のまな板シートも市販され、便利。

まな板は大きめのほうが使いやすい。ただし一枚だけより、小さいのがもう一枚あると便利。

数年前、包丁《ほうちょう》のない家庭が多くなったと、まことしやかに伝えられたが、「まな板と包丁が必要のない生活の人がたまにいる」の間違いだ。

本作品は、小社より二〇〇一年十二月に刊行された
『料理上手のコツ』を改題し、加筆・修正しました。

小林カツ代（こばやし・かつよ）
大阪に生まれる。母の味を原点に、あらゆるジャンルの料理を家庭料理としてとらえることを信条とする料理研究家。テレビや講演、雑誌・書籍の執筆だけでなく、多方面で活動する。
著書には『小林カツ代 料理の辞典』（朝日出版社）、『小林カツ代のあっという間のおかず』『文庫 働く女性のキッチンライフ』『文庫 小林カツ代のおいしいごはんのコツ』『文庫 野菜もたっぷり！毎日おかず497』（以上、大和書房）などがある。

だいわ文庫

料理《りょうり》の基礎《きそ》の基礎《きそ》 コツのコツ

著者 小林《こばやし》カツ代《よ》

二〇〇六年六月一五日第一刷発行
二〇一七年一二月二〇日第一〇刷発行

発行者 佐藤 靖
発行所 大和《だいわ》書房
東京都文京区関口一－三三－四 〒一一二－〇〇一四
電話 〇三－三二〇三－四五一一

ブックデザイン 鈴木成一デザイン室
装画・本文イラスト 池田葉子
本文印刷 厚徳社
カバー印刷 山一印刷
製本 ナショナル製本

ISBN978-4-479-30031-1
乱丁本・落丁本はお取り替えいたします。
http://www.daiwashobo.co.jp